本书由
中央高校建设世界一流大学（学科）
和特色发展引导专项资金
资助

中南财经政法大学“双一流”建设文库

中 | 国 | 经 | 济 | 发 | 展 | 系 | 列 |

中国产业集聚对地方政府税收竞争的影响：理论与实证

薛 钢 颜 博 刘彦龙 著

中国财经出版传媒集团

经济科学出版社
Economic Science Press

图书在版编目（CIP）数据

中国产业集聚对地方政府税收竞争的影响：理论与实证/薛钢，颜博，刘彦龙著．—北京：经济科学出版社，2019.12
（中南财经政法大学“双一流”建设文库）
ISBN 978－7－5218－1104－9

Ⅰ.①中…　Ⅱ.①薛…　②颜…　③刘…　Ⅲ.①产业集群－影响－地方税收－经济竞争－研究－中国　Ⅳ.①F812.7

中国版本图书馆CIP数据核字（2019）第272658号

责任编辑：白留杰
责任校对：杨　海
责任印制：李　鹏

中国产业集聚对地方政府税收竞争的影响：理论与实证
薛　钢　颜　博　刘彦龙　著
经济科学出版社出版、发行　新华书店经销
社址：北京市海淀区阜成路甲28号　邮编：100142
教材分社电话：010－88191354　发行部电话：010－88191522
网址：www.esp.com.cn
电子邮件：bailiujie518@126.com
天猫网店：经济科学出版社旗舰店
网址：http：//jjkxcbs.tmall.com
北京密兴印刷有限公司印装
787×1092　16开　10印张　170000字
2019年12月第1版　2019年12月第1次印刷
ISBN 978－7－5218－1104－9　定价：40.00元
（图书出现印装问题，本社负责调换。电话：010－88191510）

总　序

“中南财经政法大学‘双一流’建设文库”是中南财经政法大学组织出版的系列学术丛书，是学校“双一流”建设的特色项目和重要学术成果的展现。

中南财经政法大学源起于1948年以邓小平为第一书记的中共中央中原局在挺进中原、解放全中国的革命烽烟中创建的中原大学。1953年，以中原大学财经学院、政法学院为基础，荟萃中南地区多所高等院校的财经、政法系科与学术精英，成立中南财经学院和中南政法学院。之后学校历经湖北大学、湖北财经专科学校、湖北财经学院、复建中南政法学院、中南财经大学的发展时期。2000年5月26日，同根同源的中南财经大学与中南政法学院合并组建“中南财经政法大学”，成为一所财经、政法“强强联合”的人文社科类高校。2005年，学校入选国家“211工程”重点建设高校；2011年，学校入选国家“985工程优势学科创新平台”项目重点建设高校；2017年，学校入选世界一流大学和一流学科（简称“双一流”）建设高校。70年来，中南财经政法大学与新中国同呼吸、共命运，奋勇投身于中华民族从自强独立走向民主富强的复兴征程，参与缔造了新中国高等财经、政法教育从创立到繁荣的学科历史。

“板凳要坐十年冷，文章不写一句空”，作为一所传承红色基因的人文社科大学，中南财经政法大学将范文澜和潘梓年等前贤们坚守的马克思主义革命学风和严谨务实的学术品格内化为学术文化基因。学校继承优良学术传统，深入推进师德师风建设，改革完善人才引育机制，营造风清气正的学术氛围，为人才辈出提供良好的学术环境。入选“双一流”建设高校，是党和国家对学校70年办学历史、办学成就和办学特色的充分认可。“中南大”人不忘初心，牢记使命，以立德树人为根本，以“中国特色、世界一流”为核心，坚持内涵发展，“双一流”建设取得显著进步：学科体系不断健全，人才体系初步成型，师资队伍不断壮大，研究水平和创新能力不断提高，现代大学治理体系不断完善，国际交流合作优化升级，综合实力和核心竞争力显著提升，为在2048年建校百年时，实现主干学科跻身世界一流学科行列的发展愿景打下了坚实根基。

“当代中国正经历着我国历史上最为广泛而深刻的社会变革，也正在进行着人类历史上最为宏大而独特的实践创新”，“这是一个需要理论而且一定能够产生理论的时代，这是一个需要思想而且一定能够产生思想的时代”①。坚持和发展中国特色社会主义，统筹推进“五位一体”总体布局和协调推进“四个全面”战略布局，实现“两个一百年”奋斗目标、实现中华民族伟大复兴的中国梦，需要构建中国特色哲学社会科学体系。市场经济就是法治经济，法学和经济学是哲学社会科学的重要支撑学科，是新时代构建中国特色哲学社会科学体系的着力点、着重点。法学与经济学交叉融合成为哲学社会科学创新发展的重要动力，也为塑造中国学术自主性提供了重大机遇。学校坚持财经政法融通的办学定位和学科学术发展战略，“双一流”建设以来，以“法与经济学科群”为引领，以构建中国特色法学和经济学学科、学术、话语体系为己任，立足新时代中国特色社会主义伟大实践，发掘中国传统经济思想、法律文化智慧，提炼中国经济发展与法治实践经验，推动马克思主义法学和经济学中国化、现代化、国际化，产出了一批高质量的研究成果，“中南财经政法大学‘双一流’建设文库”即为其中部分学术成果的展现。

文库首批遴选、出版二百余册专著，以区域发展、长江经济带、“一带一路”、创新治理、中国经济发展、贸易冲突、全球治理、数字经济、文化传承、生态文明等十个主题系列呈现，通过问题导向、概念共享，探寻中华文明生生不息的内在复杂性与合理性，阐释新时代中国经济、法治成就与自信，展望人类命运共同体构建过程中所呈现的新生态体系，为解决全球经济、法治问题提供创新性思路和方案，进一步促进财经政法融合发展、范式更新。本文库的著者有德高望重的学科开拓者、奠基人，有风华正茂的学术带头人和领军人物，亦有崭露头角的青年一代，老中青学者秉持家国情怀，述学立论、建言献策，彰显“中南大”经世济民的学术底蕴和薪火相传的人才体系。放眼未来、走向世界，我们以习近平新时代中国特色社会主义思想为指导，砥砺前行，凝心聚

① 习近平：《在哲学社会科学工作座谈会上的讲话》，2016年5月17日。

力推进“双一流”加快建设、特色建设、高质量建设，开创“中南学派”，以中国理论、中国实践引领法学和经济学研究的国际前沿，为世界经济发展、法治建设做出卓越贡献。为此，我们将积极回应社会发展出现的新问题、新趋势，不断推出新的主题系列，以增强文库的开放性和丰富性。

“中南财经政法大学‘双一流’建设文库”的出版工作是一个系统工程，它的推进得到相关学院和出版单位的鼎力支持，学者们精益求精、数易其稿，付出极大辛劳。在此，我们向所有作者以及参与编纂工作的同志们致以诚挚的谢意！

因时间所囿，不妥之处还恳请广大读者和同行包涵、指正！

中南财经政法大学校长 杨灿明

前　言

改革开放以来，我国的财政分权和市场经济体制改革为地方政府的税收竞争提供了制度条件，而产业集聚的快速推进不仅改变着地区经济的发展方式，也影响着地方政府税收竞争的具体安排。

党的十九大报告强调，要创新和完善宏观调控，发挥国家发展规划的战略导向作用，健全财政、货币、产业、区域等经济政策的协调机制。税收作为国家治理的重要基础与调控经济的重要手段，在我国经济增长乏力的大背景下必将发挥更重要的作用，而地方政府作为税收政策的实际执行者，其竞争与合作将直接影响政策的实施效果。因此，研究地方政府的税收竞争行为具有重要的实践指导意义。同时，考虑到我国产业集聚不断发展的实际情况，将产业集聚与地方政府的税收竞争行为统一在一个分析框架下，考察产业集聚对地方政府税收竞争的影响，分析新时期地方政府应对产业集聚的税收竞争策略，可以为推动区域经济协调发展的政策制定提供更加符合现实的理论参照。

本书以新经济地理学税收竞争理论为基础，将产业集聚和地方政府税收竞争统一到一个分析框架下，研究产业集聚对地方政府税收竞争的影响，分析新时期地方政府应对产业集聚的税收竞争策略，为推动区域经济协调发展的公共政策制定提供更加符合现实的依据。

首先，对产业集聚和地方政府税收竞争进行理论分析，回溯产业集聚与地方政府税收竞争理论的发展脉络，阐述产业集聚影响地方政府税收竞争的理论依据：产业集聚会带来外部规模经济，可以使地区内的生产要素获得“集聚租”，当集聚达到一定程度时，政府可以对“集聚租”征税且不会导致生产要素的流失，从而避免标准税收竞争理论中的税收“逐底竞争”。

其次，从制度现状上分析我国地方政府进行税收竞争的主要形式，并从产业集聚专业化水平和产出水平两个维度构建衡量指标，对我国30个省份的产业集聚程度进行测算。在实证研究部分，从省级区域性税负和企业税负两个维度展开，引入税负策略反应变量和地区虚拟变量构建多层次的计量模型，对产业集聚程度和类型不同的区域内地方政府的税收竞争行为进行实证检验。结果显示，产业集聚对地方政府的税收竞争产生了显著影响，且对不同分区地方政府税收竞争的影响存在着异质性。产业集聚专业化水平和产出水平均较高地区的地方政府已经开始对“集聚租”征税，脱离了税收“逐底竞争”的状态，而其他分区未检验出类似的现象。从分税种税负的检验结果看，地方政府对“集聚租”征税的倾向集中在企业所得税、个人所得税和增值税等中央和地方共享税税种上，地方政府在财产税层面未对“集聚租”征税。从全国和地区两个层面分析产业集聚与税收竞争的非线性关系，全国层面的实证结果显示产业集聚与税收竞争存在显著的非线性关系；地区层面的实证结果显示东部地区产业集聚与税收竞争存在非线性关系，而中西部地区不存在这种非线性关系。说明东部地区已经处于产业集聚期，形成了可供政府提高税收的“集聚租”，具备了摆脱“逐底”税收竞争的基础条件；中西部地区仍处于产业转移期，地方政府倾向于采取降低税率和提供税收优惠措施的税收竞争行为，还未具备摆脱“逐底”税收竞争的基础条件。

最后，根据规范分析和实证研究的结果，从规范和清理税收优惠、加快地方税体系建设、促进产业集聚水平提高以及完善官员晋升考核制度、转变政府治理理念等方面提出相关对策建议。

作　者

2019 年 7 月

目　录

导　论

一、研究背景及意义

（一）研究背景

改革开放40年以来，我国经济社会发展取得了举世瞩目的巨大成就。在经济体制从计划经济向市场经济转轨的过程中，我国于1994年实行了“分税制”财政管理体制改革，在划分中央与地方的事权的基础上，按税种划分各级政府的预算收入，地方政府逐渐成为具备独立经济利益和资源配置权限的主体。在“中国式财政联邦主义”①制度安排和地方官员“为增长而竞争”模式的双重激励下，各地方政府为促进本地区的经济增长纷纷加入以资本为核心的流动性生产要素争夺大战中，招商引资成为地方政府的头等大事。正是这种“为增长而竞争”的辖区管理模式推动了我国经济在较长一段时间内保持高速增长②。

在地方政府经济竞争的诸多形式中，税收竞争是较为常见的一种。地方政府竞相为生产要素提供较低的税收成本以提高本地区的吸引力，即标准税收竞争理论中的“逐底竞争”策略。尽管我国区别于西方联邦制国家，税收立法权高度集中于中央政府，地方政府无权决定税种的开征和税率的设定，但是各地方政府对税收征管的实际干预能力和税收政策自身弹性的存在，使得“中央决定名义税率，地方决定实际税率”的税收竞争现象屡禁不止。而且各地区各式各样的“经济开发区”“产业园区”和“新区”的设立以及配套实施的诸多税收优惠也拓宽了地方政府税收竞争的渠道。自2016年“营改增”全面推开之后，党的十九大提出的“深化税收制度改革，健全地方税体系”理念将扩大地方政府的税收自主权，为地方政府进一步的税收竞争创造条件。但是从长期而言，地方政府间“逐底”的税收竞争会加剧地方保护主义，扭曲资源配置，阻碍全国统一市场的形成，不仅会降低整个经济体的效率，也会降低相关地区的税收

---

① “财政联邦主义”指财政分权，而“中国式财政联邦主义”强调中国财政分权同西方联邦主义国家财政分权的区别，研究转轨阶段中国经济发展的学者认为中国的财政分权更注重分权对地方政府的财政激励，形成地方政府对经济的控制和市场机制间的微妙平衡，即所谓的“市场维护型联邦主义”。

② 周黎安．转型中的地方政府：官员激励与治理［M］．上海：格致出版社，2008.

收入，恶化地方财政收支矛盾。

随着全球经济的发展和分工的日益专业化，产业集聚越来越成为区域经济增长的重要动力。在改革开放初期，我国选择了地理环境较为优越的东部沿海地区作为“非均衡发展战略”[①] 中的优先发展区域，并针对这些地区安排了一系列的税收优惠政策，大量海内外资本和技术基于较低税收成本的吸引进驻东部沿海地区，促进了东部沿海地区经济的迅速发展。20 世纪 90 年代末，中央政府针对经济发展较为缓慢的中西部地区也出台一系列类似于早期东部沿海地区的税收优惠政策，试图引导资本等生产要素向中西部地区分流以缩小区域发展差距，但这些优惠政策的实施效果与早期在东部地区的实际结果相去甚远，包括之后的“中部崛起战略”和“振兴东北战略”都没能扭转经济活动快速向东部沿海地区集中的趋势。而率先实施税收优惠的东部沿海地区进入了又一个收获期，长期积累的产业集聚吸引着其他地区的生产要素不断地向东部沿海地区流动。

类似的政策未能实现相同效果的主要原因在于，东部沿海地区对生产要素的吸引力已经由原来税收优惠带来的低税收成本转化为地区产业集聚带来的经济集聚效应。产业集聚实际上降低了生产要素的流动性，对传统的“逐底”税收竞争策略造成冲击。而新经济地理学税收竞争理论提出：当集聚水平达到一定程度时，政府在集聚地区可以对“集聚租”征税，即提高集聚地区的税率不会导致生产要素的流失，获取的高税收可以提供更高水平的公共服务，改善投资环境，进一步提升地区的集聚力，实现高税收地区的持续发展。目前，很多发达国家的税收竞争已经随着产业集聚的发展脱离了“逐底”竞争的阶段，表现出不同于以往的差异化的税收竞争策略。

（二）研究意义

1. 理论意义。国内外关于产业集聚和地方政府税收竞争单独的研究都比较丰富，但将两者结合起来考察产业集聚对地方政府税收竞争的影响是一个比较新颖的视角。本书将产业集聚和地方政府税收竞争纳入一个统一的分析框架中，有助于产业集聚和地方政府税收竞争研究成果的归纳和融合。另外，从地方化经济和城市化经济两个维度描摹我国的产业集聚状况，并以相应的数量指标进

① 我国的“非均衡发展战略”取自“邓小平理论”，包括“先富带后富”“先沿海后内陆”和“三步走战略”等，是实现共同富裕的重要途经。

行测度，对我国30个省份进行产业集聚分类。在实证研究方面，首先引入地区虚拟变量从省级中观税负和企业微观税负两个层面对产业集聚影响地方政府税收竞争的情况进行分区检验，并在省级区域性税负的分析中引入税负策略反应变量进行了分税种检验。其次，从全国和地区两个层面分析了产业集聚与税收竞争的非线性关系，使实证结论更加丰富。

2. 实践意义。党的十九大报告强调，要创新和完善宏观调控，发挥国家发展规划的战略导向作用，健全财政、货币、产业、区域等经济政策的协调机制。税收作为国家治理的重要基础与调控经济的重要手段，在我国经济增长乏力的大背景下必将发挥更重要的作用，而地方政府作为税收政策的实际执行者，其竞争与合作将直接影响政策的实施效果。因此，研究地方政府的税收竞争行为具有重要的实践指导意义。同时，考虑到我国产业集聚不断发展的实际情况，将产业集聚与地方政府的税收竞争行为统一在一个分析框架下，考察产业集聚对地方政府税收竞争的影响，分析新时期地方政府应对产业集聚的税收竞争策略，可以为推动区域经济协调发展的政策制定提供更加符合现实的理论参照。

二、国内外研究文献综述

国内外目前研究产业集聚与税收竞争的文献较为丰富，无论是研究产业集聚，还是研究地方政府税收竞争，抑或是研究产业集聚与地方政府税收竞争之间的关系及相互影响，都有大量专家学者进行了较为深入的探讨。对产业集聚影响地方政府税收竞争的研究，目前大部分学者主要是从新经济地理学框架下展开。

（一）新经济地理学框架下产业集聚的研究

产业集聚问题的研究开始于19世纪末，马歇尔于1890年最早注意到产业集聚这一经济现象，并提出了后续经济学常提到的“内部经济”和“外部经济”这两个经济概念。继马歇尔之后，产业集聚理论进一步发展，出现了许多流派，比较有影响的有增长极理论、区位集聚论、企业竞争优势与钻石模型、新经济地理学理论等。由于在新经济地理学理论下，产业集聚及税收竞争才被纳入一个框架体系进行研究，因此本书对产业集聚问题的研究主要基于新经济地理学框架。

1. 新经济地理学。“新经济地理学”又被称为“地理经济学”，它源于20世纪80年代对“新国际贸易理论”和“竞争优势经济学”的研究，它融合了城市经济学、区域经济学等有关空间经济的传统思想，同时将产业组织理论有关不完全竞争以及收益递增模型的最新进展结合起来，构建了“空间经济”的理论体系。20世纪90年代以来，藤田（Fujita）、克鲁格曼（Krugman）、蒲格（Puga）等以迪克西特（Dixit）和斯蒂格利茨（Stiglitz）垄断竞争模型为基础，用不完全竞争、报酬递增和市场外部性等理念构建新的经济地理模型，再一次激发了“新经济地理学”的研究狂潮。现有学者对产业集聚问题的研究，基本上围绕着克鲁格曼的理论观点，对新经济地理学理论进行论述。

1991年，克鲁格曼在论文《收益递增与经济地理》中，初步分析了新经济地理学理论，并在后来的一系列论著中对新经济地理学理论进行了更加深入的分析。新经济地理理论与其他区域经济理论的重大区别就在于在理论分析框架中，将运输成本纳入其分析的框架之中，因为运输成本的变动会引发集聚经济、外部性、规模经济等问题，如果把这些要素融入企业区位选择、区域经济增长等问题中，将能得出更符合现实情况的结论①。由于传统的区域经济理论，假定无差异空间、无运输成本，但现实中这种假设基本上不会出现，因而相比传统的区域经济理论，新经济理论能得出更为符合现实产业集聚现象的结论。

克鲁格曼的新经济地理理论，主要研究了市场和地理之间的相互联系，即产业的空间集聚问题。克鲁格曼采用简单的“中心—外围”模型，详细分析了一个国家内部产业集聚的形成原因，在该模型中处于中心的是制造业地区，外围则是农业地区，规模经济和交通成本的相互影响决定了区位因素。假设工业生产具有报酬递增的特点，而农业生产的规模报酬不变，那么随着时间的推移，工业生产活动将趋向于空间集聚。

2. 产业集聚问题的研究。产业集聚作为一种重要的产业空间分布，一直以来备受经济学家的关注。从国内外研究的部分文献来看，产业集聚理论的研究主要涉及产业集聚的机理、集聚效应，产业集聚与经济发展及产业政策之间的关系等方面。

---

① Krugman, Paul. Increasing Returns and Economic Geography [J]. Journal of Economy, 1991, 99 (3): 483 – 499.

（1）国外对产业集聚的研究。国外对产业集聚的研究起步较早，从早期马歇尔（Marshall）的外部性理论和韦伯（Weber）的区域经济理论开始，产业集聚的外部规模经济、溢出效应等问题就在理论界展开了广泛的研究。后续以克鲁格曼（Krugman）、藤田昌久（Fujitaetal）等为代表的新经济地理理论又提出了集聚经济的内部规模经济。早期的研究侧重于对产业集聚定性的观察与描述，随着研究的深入，产业集聚程度与影响集聚的关键因素的测度及集聚效应等的研究，开始成为区域经济学家们关注的课题。

Audretsch（1996）计算了美国两位数行业的空间基尼系数，并详细剖析了12个创新性行业的地理集中的因素，研究结论显示社会创新活动更容易使企业趋于集聚，因此证明知识溢出是产业空间集聚的主要原因①。

Mayer 和 Mucchielli（1998）以 446 家日本特大型跨国集团企业为例，利用实证分析，得出集聚效应对企业，特别是对大型跨国集团企业的区位选择，存在明显的正效应②。

Catherine Beaudry 和 Peter Swan（2001）对产业集群的强度影响产业集群内企业绩效的途径进行了研究③。他们用雇员数量作为衡量产业集群强度的指标，对英国几十个产业进行了实证分析，发现在不同的产业存在着产业集群的正效应和负效应，例如在计算机、汽车、航空和通信制造业存在着非常强的产业集群正效应。

（2）国内对产业集聚的研究。相比国外研究，我国对产业集聚的研究起步较晚，比较系统的研究始于 20 世纪 90 年代，但我国专家学者对产业集聚的研究，结合了我国现实情况及制度背景，从多角度对产业集聚问题展开了分析，对本书的研究具有较强的参考性。我国对产业集聚理论的研究主要从三个方面展开：一是对国外产业集聚理论的介绍和阐释；二是关于我国产业集聚的形成机理和动力机制的研究；三是关于我国产业集聚特征和效应的研究。

我国专家学者对国外产业集聚理论的介绍和阐释，主要是借鉴和运用国外产业集聚理论来分析我国现有的产业集聚问题，自 21 世纪初以来，相关专家学

① Audretsch, D. R&D spillovers and the geography of innovation and production [J]. American Economic Review, 1996, 86 (3): 630 – 640.

② Mayer T., Mucchielli J. L. Agglomeration effects, state policies, and competition in the location of japanese FDI in Europe [J]. Research in Global Strategic Management, 1998, 6 (6): 87 – 116.

③ Beaudry C. Entry, Growth and Patenting in Industrial Clusters: A Study of the Aerospace Industry in the UK [J]. International Journal of the Economics of Business, 2001, 8 (3): 405 – 436.

者进行了如下研究。

向世聪（2006）系统回顾总结了不同理论渊源的产业集聚的研究文献，对产业集聚的演变发展规律及基本理论做了简要综述与评价①。他认为，作为产业布局理论的一个重要分支，国外产业集聚研究主要经历了古典时期、新古典时期和社会制度时期三个阶段。古典时期的产业集聚理论只是初步建立起了以成本为核心、空间距离为度量的分析框架；新古典时期的产业集聚理论研究开始从经济环境对产业集聚的影响转向研究企业之间的关联状况和对产业集聚的影响，并开始关注产业集聚的外生性技术因素；社会制度时期是经济学家把社会学家用来分析社会群体行为规律的网络理论引入对经济分析的时期，这一时期的产业聚集理论主要研究企业相互合作和协同发展的企业关系，网络理论的引入极大地推动了产业集聚的研究。

陈良文和杨开忠（2006）根据导致经济活动空间集聚的不同机制，将现有集聚经济模型分为将外部规模经济视为“黑匣子”的集聚经济模型、基于知识外溢的集聚经济模型、基于消费者多样化偏好的集聚经济模型、基于中间投入品的集聚经济模型、基于劳动力市场供需匹配的集聚经济模型、基于消费过程不完全信息的集聚经济模型六种集聚模型②。

贺灿飞和刘洋（2006）从理论、方法和实证等方面综述了有关产业地理集中研究的最新进展。对产业地理集中的理论进行了解释③。他们认为古典和新古典区位论以成本最小化或利润最大化为区位目标，强调要素供给和市场需求对产业地理集中的重要作用；区位依赖论强调企业之间的相互竞争；行为区位论强调信息和知识的积累；战略区位论强调企业战略；结构区位论强调产业组织的作用。而新古典贸易理论强调要素禀赋的区域差异性；新贸易理论引入了外部规模经济；新地理学则强调规模收益递增、市场需求联系效应和积累循环机制等。并且在不同研究视角解释的基础上，进一步集中讨论了资源投入、市场需求、企业规模、外部经济、产业联系以及区域经济一体化等对产业地理集中的重要影响，以揭示产业地理集中的微观机制。

刘长全（2009）总结了新经济地理学的研究主题，其中包括经济活动和经

---

① 向世聪．产业集聚理论研究综述［J］．湖南社会科学，2006（1）：92－98.

② 陈良文，杨开忠．集聚经济的六类模型：一个研究综述［J］．经济科学，2006（6）：107－117.

③ 贺灿飞，刘洋．产业地理集中研究进展［J］．地理科学进展，2006（2）：59－69.

济增长的“空间集聚”和“区域集聚”，研究方法主要是采用数学定量分析，建立了中心—外围、国际专业化、全球和产业扩散、区域专业化及历史和期望对区域发展影响等模型[①]。他认为新经济地理的理论来源与模型特点决定了其非常适合分析市场深化与经济一体化过程中的要素流动、产业分布变化和产业集聚趋势。

对我国产业集聚的形成机理和动力机制的研究，则主要是利用产业集聚的相关理论，结合现实中的产业集聚现象提出新的思路和新的观点。

王缉慈（2002）从四个方面论述了营造地方产业群对提高国家竞争力以应对全球化挑战的重要政策措施[②]。一是根据国际经验分析了发展地方产业群的背景和产业群理论的渊源；二是分析说明了产业群的概念、形成因素和发展机制；三是论述了产业群战略的重要性、政策目标和具体内容；四是结合区域产业发展的现实问题和认识误区，提出我国实施地方产业群战略以及相应的制度创新的重要性。

蔡宁和吴结兵（2002）基于资源的企业理论（RBV）与“结构—行为—绩效”（SCP）的分析框架来解释产业集群竞争优势[③]，研究结论认为特定的资源和能力是竞争优势的来源，产业集群作为一种中间组织形式构成了新的竞争单位，其竞争的优势来源于资源禀赋和产业集群对资源的整合能力。

于树江和李艳双（2004）在对产业集聚理论的主要研究领域进行总结的基础上，从区位的成本限制、区位选择的路径依赖及空间集聚作用等方面，分析了产业集群区位选择的形成机制，认为目前我国形成的产业集群可以分为建立在农村或乡镇工业基础上的特色产业集群、高科技产业集群、依靠优惠政策补贴发展起来的产业集群等五方面的产业集群[④]。

唐茂华和陈柳钦（2007）认为现代区域经济学和空间经济学缺乏相应的微观基础，因此构建了一个模型来探索个体选址行为与实现空间集聚的内在机制[⑤]。其构建的模型表明，空间集聚并不必然是偶然的结果，自然的或人为造成

① 刘长全．不完全竞争框架下的产业集聚理论——新经济地理理论研究综述［J］．世界经济情况，2009（12）：75－82.

② 王缉慈．地方产业群战略［J］．中国工业经济，2002（3）：47－54.

③ 蔡宁，吴结兵．企业集群的竞争优势：资源的结构性整合［J］．中国工业经济，2002（7）：45－50.

④ 于树江，李艳双．产业集群区位选择形成机制分析［J］．中国软科学，2004（4）：120－122.

⑤ 唐茂华，陈柳钦．从区位选择到空间集聚的逻辑演绎——探索集聚经济的微观机理［J］．财经科学，2007（3）：75－80.

的空间互补利益可以改变企业主体的区位决策，使之形成空间集聚。这种空间互补带来的额外利益可能源于企业间的相互作用，也可以是源于某一特定区位所产生的区位利益，这就为某一地区的自主发展提供了理论依据。

还有许多专家学者从实证角度对我国产业集聚的特征、效应等方面展开了分析。

徐康宁和冯春虎（2003）对中国28个制造业地区集中度的实证分析表明，中国产业向地区集聚的特征已经十分明显，并且呈不断强化趋势。尽管不同产业的地区集中度不同，但东部沿海地区在大多数产业中占绝对主导地位。产业地区性集中一方面促进了东部地区的经济发展，但同时进一步拉大了东部与广大中西部地区的经济差距①。

范剑勇（2004）利用两位数水平的制造业数据，实证分析了我国1980年和2001年地区专业化和产业集中率的变化情况②。研究结论表明，改革以来中国地区间的专业化水平和市场一体化水平已有提高，产业布局已发生根本改变，绝大部分行业已经或正在转移进入东部沿海地区。如果结合国际经验进一步比较则发现，中国现阶段仍处于“产业高集聚、地区低专业化”的状况，国内市场一体化水平总体上仍较低，且滞后于对外的一体化水平，使得制造业集中于东部沿海地区，无法向中部地区转移，进而推动了地区差异的不断扩大。

金煜和陈钊等（2006）在新经济地理学的分析框架下讨论了聚集地理和经济政策等因素对工业集聚的影响③。他们利用1987~2001年省级数据进行实证研究后发现：经济开放促进了工业集聚，而经济开放又与地理和历史因素有关，其中市场容量、城市化、基础设施的改善和政府作用的弱化也有利于工业集聚。在区域分析中，研究发现沿海地区具有工业集聚的地理优势，集聚政策也是导致工业集聚的重要因素之一。

刘军和徐康宁（2010）根据新经济地理学视角下的税收竞争理论，用1999~2007年省级面板数据研究产业聚集对经济增长与区域差距的影响④。结果显示，

---

① 徐康宁，冯春虎．中国制造业地区性集中程度的实证研究［J］．东南大学学报（哲学社会科学版），2003（1）：37－42.

② 范剑勇．市场一体化、地区专业化与产业集聚趋势——兼谈对地区差距的影响［J］．中国社会科学，2004（6）：39－51.

③ 金煜，陈钊，路铭．中国的地区工业聚集：经济地理，新经济地理与经济政策［J］．经济研究，2006（4）.

④ 刘军，徐康宁．产业聚集、经济增长与地区差距——基于中国省级面板数据的实证研究［J］．中国软科学，2010（7）：91－102.

产业聚集显著促进经济增长，并同时导致区域差距的产生。区域差距来源于两个方面：一是聚集区与非聚集区经济发展的自然落差；二是四大区域之间产业聚集增长效应的差异，差异产生的原因是产业聚集程度的不同导致外部规模经济、技术外部性和金钱外部性的差异。在此基础上，提出中国的产业聚集增长效应符合倒U形假说，并验证了当前中国的产业聚集增长效应处于倒U形曲线的中间阶段。在产业集聚达到某一水平后，集聚地区的企业能够从产业集群中获取超额的集聚租，取得成本优势。

王永培和晏维龙（2014）则把企业策略性避税行为引入新经济地理的税收竞争分析框架①，并通过2000～2008年中国制造业企业数据实证检验产业集聚的避税效应。研究结果发现制造业地理集聚提高了企业避税强度，族群成员协同集聚的溢出效应强化了企业间避税的相互学习和示范。位于最终消费品需求和中间投入品供给中心区域的政府通常选择征收集聚租的策略性税收行为，迫使该区域内企业更多地进行策略性避税。而企业规模与其避税强度负相关，小企业的避税意愿更为强烈；相对于中西部落后地区，长三角、珠三角等地区企业交纳更多"集聚租"，避税活动更为频繁。因此说明产业集聚为企业提供减轻税负的避税港。

邵宜航和李泽扬（2017）通过理论分析与实证检验的结合及构建新的空间集聚指标，深入考察企业的空间集聚对企业动态以及经济增长的影响。利用中国工业企业数据库中制造业企业的经纬度地理坐标信息，构建了刻画城市企业空间集聚程度的新指标，从城市层面对理论分析进行了计量检验②。该研究得出的结论包括：中国城市中制造业企业空间集聚对新企业进入和制造业增长均呈现倒U形影响，其影响企业进入的拐点值略小于制造业增长的拐点值。同时，数据分析显示在文章分析的数据时间段内，多数城市制造业企业空间集聚的负面效应更为显著。

（二）地方政府税收竞争的研究

从国外现有文献看，最早研究税收竞争的理论源于Tiebout提出的"用脚投票"思想，其后Oates对该理论提出质疑并提出新的看法，目前形成的系统理论

① 王永培，晏维龙．产业集聚的避税效应——来自中国制造业企业的经验证据［J］．中国工业经济，2014（12）：57－69.

② 邵宜航，李泽扬．空间集聚、企业动态与经济增长：基于中国制造业的分析［J］．中国工业经济，2017（2）：7－25.

体系是国内外学者围绕 Oates 和 Tiebout 的研究，对其理论和模型进行的深入探讨。国内对此问题的研究则相对起步较晚，只是近些年才有学者从税收竞争的角度探讨国内地方政府之间的税收竞争问题。

1. 国外对地方政府税收竞争的研究。国外对区际税收竞争的研究由以新古典经济学为基础的标准税收竞争理论发展而来，在加入经济集聚和贸易成本等因素后发展为新经济地理学税收竞争理论。其间，不同层面和地区的实证研究验证了两种理论的现实适用性。因此国外学者对税收竞争的研究主要可以分为标准税收竞争理论和新经济地理学税收竞争理论两个阶段[①]。在新经济地理学税收竞争理论阶段，产业集聚因素被引入到地方政府税收竞争的研究范畴。

（1）标准税收竞争理论阶段的研究。国外关于地方政府税收竞争的研究可追溯到 Tiebout（1956）的“用脚投票”思想，他认为可自由迁徙的居民和足够多的社区选择可以实现各辖区公共产品的高效率供给，地方政府税收竞争会最终导致政府效率的改进[②]。最早直接研究税收竞争的 Oates 则在 1972 年提出了相反的观点，他认为税收竞争会使各地政府为了吸引流动企业的投资而降低税率，从而政府无法筹集为提供最优的公共服务所需要的资金，税收竞争将导致地方公共服务的产出达不到最优，因此辖区间的税收竞争会造成社会福利的损失和公共服务的无效供给[③]。Zodrow 和 Mieszkowski（1986）等将 Oates 的理论进行拓展形成了标准税收竞争模型[④]。

此后，国外学者开始在标准税收竞争模型的分析框架下探讨地方政府的税收竞争行为，通过地方政府的税收决策反应函数构建计量模型检验地区间流动性资本竞争对地区税率水平变化的影响。基于西方联邦制国家地方政府的税制设计，大部分的实证研究通过地方政府的个人所得税和财产税数据展开。早期关于税收竞争的实证研究来自 Ladd（1992）[⑤] 和 Case（1993）[⑥]，他们分别使用

---

① 以 Krugman 开创的新空间经济分析为界，之前的研究划分为标准税收竞争理论阶段，以 Zodrow 和 Mieszkowski 开创的标准税收竞争模型为代表；之后的研究划分为新经济地理学税收竞争理论阶段，以 Krugman 提出的“中心－外围”模型为代表。

② Tiebout C. M. A Pure Theory of Local Expenditure [J]. Journal of Political Economy, 1956, 64 (5): 416－424.

③ Oates W. Fiscal Federalism [M]. New York: Harcourt Brace Jovanovich, 1972.

④ Zodrow G. R., Mieszkowski P. Pigou, Tiebout, Property Taxation, and the Under Provision of Local Public Goods [J]. Journal of Urban Economics, 1986, 19 (3): 356－370.

⑤ Ladd H. Mimicking of Local Tax Burdens among Neighboring Counties [J]. Public Finance Quarterly, 1992, 20 (4): 450－467.

⑥ Case, A. C., H. S. Rosen and J. R. Hines. Budget Spillovers and Fiscal Policy Interdependence: Evidence from the States [J]. Journal of Public Economics, 1993, 52 (3): 285－307.

美国县级和州级的税收数据对辖区政府间的税收竞争现象进行了检验，发现样本辖区的税负会随着邻近辖区的税负同向变动。

后续的研究者大都参照了早期美国学者的实证研究方法，使用不同地区不同税种的数据验证了地区之间存在着明显的税收竞争行为，且竞争的程度都较深。而 Hettich 和 Winer（1999）使用部分欧盟国家的面板数据，得出了更加丰富的结论：资本要素的税负水平明显低于劳动要素，且存在着向下趋势，即资本的流动性减轻了其应当承担的税负，加重了其他流动性较差的生产要素，如劳动要素的税负①。

（2）新经济地理学税收竞争理论阶段的研究。20 世纪 90 年代初，以 Krugman 为代表的经济学家开创了新经济地理学派，提出规模报酬递增和不完全竞争假设，并将贸易成本因素和经济集聚因素吸纳到区域经济发展理论中，为区际税收竞争研究提供了更加丰富的理论基础，相较于之前标准税收竞争理论阶段的研究，对现实具有更强的解释力。

Kind，Knarvik 和 Schjelderup（2000）讨论了厂商和资本集中程度不同的两个地区之间的税收竞争情形，认为由于集聚外部性效应的存在，在厂商和资本较为集中的地区，政府会对资本额以外征收一种“属地税”用以改善社会福利，同时，征税不会导致资本的流失，反而使该地区获得竞争优势②。

Ottavianno 和 Van Ypersele（2002）的研究形成了“集聚租”的概念③。“集聚租”即经济活动集中地区的资本回报率高于经济活动分散地区资本回报率的部分。他们指出产业集聚的地区可以对“集聚租”征税，以税后仍具备优势的资本回报率水平保证资本要素不外流。因此，在集聚发挥作用时，地区间的税收竞争不会使得各地区的税率收敛。这是与标准税收竞争理论截然相反的观点。

Baldwin 和 Krugman（2004）基于新经济地理学的“中心—外围”模型提出：大量企业集聚在一个地区可以形成“凝滞效应”，会使原本完全流动的生产要素转变为准固定生产要素④。此时，政策的细微变动不会再对经济体内的生产

① Hettich，W. and S. Winer. Democratic Choice and Taxation：A Theoretical and Empirical Analysis［M］. Cambridge MA. Cambridge University Press，1999.

② Kind H. J.，Knarvik K. H. M.，Schjelderup G. Competing for Capital in a “Lumpy” World［J］. Journal of Public Economics，2000，78（3）：253－274.

③ Ottaviano，G. I. P. and Van Ypersele，T. Market Size and Tax Competition［J］. Journal of International Economics，2005，67（1）：25－46.

④ Baldwin R.，Krugman. P. Agglomeration，Integration and Tax Harmonisation［J］. European Economic Review，2004，48（1）：1－23.

要素流动带来大的扰动，影响要素流动的税收政策将存在一个临界值，即“中心区”的生产要素由于可以享受到“集聚租”带来的额外收益而愿意承担的最高税负值。此时，即使“外围区”的税率更低，但如果不低于可以使生产要素节约的成本高于“集聚租”额外收益的临界值，也不能吸引生产要素从“中心区”迁移到“外围区”，“中心区”将在税收竞争中占据主动权。

新经济地理学税收竞争理论在研究地区间税收竞争时着重考虑了标准税收竞争理论所回避的因素——贸易成本和经济集聚，从而得出了不同的结论。相关的实证研究则主要围绕地方政府设定税率时的策略性行为展开：Charlot 和 Paty（2010）使用法国城市级数据验证了新经济地理学税收竞争理论中市场规模越大的地区税率越高的假设①。结果显示，法国各地方政府在设定销售税税率时存在着明显的模仿行为，但这种模仿的程度在经济集聚的地区会减弱。同时，经济集聚城市的税率和资本存量之间存在着正向关系，说明存在经济集聚的城市会利用“集聚租”对生产要素征税。

2. 国内地方政府税收竞争的研究。相比国外对税收竞争的研究，国内对于税收竞争的研究起步较晚，且前期的关注重点主要在于国际税收竞争。21 世纪以来，国内横向政府间税收竞争问题才成为税收竞争研究的主流，但至今尚未形成针对我国地方政府间横向税收竞争的完整理论体系。国内学者在借鉴国外税收竞争理论和分析范式的基础上，主要从我国地方政府税收竞争的行为策略、效应等方面展开研究。且研究大部分从实证检验层面展开。研究思路主要集中在四个方面：地方政府间的税收竞争策略问题，地方政府间税收竞争与经济增长绩效问题，地方政府税收竞争与工业污染问题，以及地方政府税收竞争与产业集聚问题。

（1）地方政府税收竞争策略。关于地方政府之间的税收竞争策略问题，国内学者借鉴国外的分析方法，对我国地方政府的税收竞争行为及策略进行了检验。早期的研究使用的是截面数据，关于地方政府的税收竞争策略得到了不同的结论：

沈坤荣和付文林（2006）最早构建空间滞后分析模型，分别对我国“分税

① Paty S. Does Fiscal Cooperation Increase Local Tax Rates in Urban Areas?［J］. Inra Umr Cesaer Working Papers, 2010, 18（10）: 9 - 13.

制”改革前后两个年份的省际截面数据进行检验①。研究结论发现给定省区的实际税率与其竞争省区的加权税率呈现负相关关系，各省之间的税收竞争采取差异化策略，且“分税制”改革前后未发生明显变化。这与西方学者提出的地方政府间的税收竞争存在明显模仿行为的结论不同。

李永友和沈坤荣（2008）基于区域 FDI 增长绩效的角度，以单位资本的所得税负作为辖区税收竞争的代理变量，分东、中、西部考察我国 1995 年和 2005 年两个时点的省级财政政策的策略性，发现税收策略仍是我国大部分地区进行辖区竞争的重要手段，东部和中部省份的单位资本所得税负在两个时点上呈现出收敛趋势，且这种收敛在中部地区最为明显，说明中部省区的税收竞争最为激烈②。

之后，鉴于截面数据的缺陷，更多的学者使用我国不同时期，不同层级的面板数据对地方政府的税收竞争行为进行实证研究，大都得到了与西方标准税收竞争理论实证检验类似的结果，即地方政府之间存在着税收模仿行为。

王守坤和任保平（2008）使用工具变量对我国 1978 ~ 2006 年省级面板数据进行实证分析，发现我国省级政府间存在明显的财政策略性行为③。其主要表现形式为争夺流动性税基的税收竞争行为，具体而言，各竞争省份的加权预算税负变动 1%，则给定省份的预算税负在 GDP 权重和距离权重下分别变动 1.11% 和 2.03%。而且这种竞争行为在经济发展水平较高的东部地区较为显著。

郭杰和李涛（2009）通过构建空间计量模型考察我国省际政府间的税收竞争策略，发现我国地方政府间存在着事实上的税收竞争行为④。其中，增值税和企业所得税是各省级行政区划进行省际税收竞争的主要工具，各省级行政区划的增值税税负、企业所得税税负和财产税税负存在策略互补性，与竞争省份的相关税负同向变化；而各省级行政区划的营业税税负和个人所得税税负存在策略替代关系，与竞争省份的对应税负负相关。而且与国外相比，我国地方政府间的税收竞争更加激烈。

---

① 沈坤荣，付文林，晓鸥．税收竞争、地区博弈及其增长绩效［J］．经济研究，2006（6）：16 - 26.

② 李永友，沈坤荣．辖区间竞争、策略性财政政策与 FDI 增长绩效的区域特征［J］．经济研究，2008（5）：58 - 69.

③ 王守坤，任保平．中国省级政府间财政竞争效应的识别与解析：1978 ~ 2006 年［J］．管理世界，2008（11）：32 - 43.

④ 郭杰，李涛．中国地方政府间税收竞争研究——基于中国省级面板数据的经验证据［J］．管理世界，2009（11）：54 - 64.

（2）地方政府税收竞争的效应。随着地方政府税收竞争的激烈展开，最近几年我国学者更加关注地方政府税收竞争效应，他们的研究主要从要素流动效应、因税收竞争带来经济增长、公共产品支出与供给的溢出效应以及环境污染效应等方面展开。

刘清杰等（2017）克服传统空间计量模型基于地区间同质化的税收竞争的假设不切实际，可能导致估计偏差的局限，引入空间多层次模型，发现中国地区间税收竞争强度受到公共产品外溢的显著抑制作用，周边地区因溢出效应获得的高收益使资本对税负的敏感度降低，弱化了地方政府对竞争者地区的税收政策反应动机，税负逐底的税收竞争强度得以显著减弱①。结合中国地区战略发展规划，在地区间建设区域性中心城市形成增长极，中心城市的公共产品外溢效应有利于缓解税收竞争。

上官绪明和葛斌华（2019）② 发现，地方政府逐底的税收竞争显著加剧了本地雾霾污染，对邻近地区具有正向溢出效应；环境治理强度对本地防霾治霾具有积极的效果，对邻近地区存在负向空间溢出效应；地方政府逐底的税收竞争抑制了环境治理政策的减霾效应，环境治理政策未达到引导良性税收竞争促进地区经济高质量发展的目标。

路春城和武嘉盟（2019）③ 基于中国省级地方政府的经验数据，运用门槛面板模型对我国地方税收竞争的经济增长效应进行实证分析得到三个基本结论：一是我国地方政府显著存在税收竞争行为，但是并未出现恶性“逐底竞争”，地方税收竞争促进了我国地区经济增长；二是我国地方税收竞争对地方经济增长影响存在门槛效应，对不同经济发展水平地区的经济增长促进效应存在差异，经济越发达地区促进作用越明显；三是我国地方税收竞争除税率形式的竞争外，集聚租形式也有极其重要的地位。

此外，还有一些研究揭示了我国不同地区的税收竞争行为存在异质性：

张宇麟和吕旺弟（2009）考虑经济发展水平和财政支出要素对地方政府税收收入的影响，利用我国 1994 ~ 2007 年的省际面板数据，引入 GDP 加权距离权

---

① 刘清杰，任德孝，刘倩．公共产品外溢、地理区位与税收竞争——来自空间多层次模型的经验证据［J］．财贸研究，2017（10）：75 – 85.

② 上官绪明，葛斌华．地方政府税收竞争、环境治理与雾霾污染［J］．当代财经，2019（5）：27 – 36.

③ 路春城，武嘉盟．地方税收竞争促进了经济增长吗？——基于中国省级政府面板数据的门槛回归分析［J］．公共财政研究，2019（1）：17 – 35.

重分析我国省级地方政府的税收竞争行为，发现我国的税收竞争主要发生在地理距离和经济发展水平相近的省份之间，且各省份间的税收竞争是一种“竞次”的恶性竞争①。

吴俊培和王宝顺（2012）将我国地方政府之间的税收竞争分为绝对税收竞争和相对税收竞争两种，以我国省级政府2006～2010年的财政收入数据和地方税收入数据为依据研究省级政府间的税收竞争行为②。结果表明：省级政府间存在着两种类型的税收竞争行为，其中，绝对税收竞争能力与该地区的市场化程度正相关，相对税收竞争能力与该地区的规模经济效率正相关。

龙小宁、朱艳丽等（2014）基于空间自回归模型，使用我国2000～2006年县级大中型工业企业层面的面板数据，对我国县级政府的税收竞争行为进行实证分析③。结果显示，我国县级企业的企业所得税税率和营业税税率与其他竞争县区企业的对应税率的反应系数分别为0.088和0.046，各县级政府间存在着正向的税收竞争行为，且县级政府的税收竞争在外资企业上更加激烈，内陆县区的税收竞争程度高于沿海县区。

（三）产业集聚与地方政府税收竞争相互关系及影响的研究

产业集聚对地方政府税收竞争的影响的研究起于21世纪初期，早期研究主要基于新经济地理学的“中心—外围”思想，来检验产业集聚带来的“集聚租”效应。后续研究则从多方面展开，如产业集聚对地方政府税收竞争行为、效应等，以及根据两者可能的相互关系，研究了产业集聚对地方政府税收竞争的影响和两者相互作用的影响。

1. 国外对产业集聚与地方政府税收竞争的研究。国外学者研究产业集聚与地方政府税收竞争时，主要从产业集聚是否创造集聚租，以及集聚地区企业的税负及税率角度展开。

Andersson和Forslid（2003）发现当企业从邻近区位中获得显著的集聚租优势时，标准税收竞争理论的假设就受到了挑战④。新经济地理学将产业集聚所形

① 张宇麟，吕旺弟．我国省际间税收竞争的实证分析［J］．税务研究，2009（6）：59－61．

② 吴俊培，王宝顺．我国省际间税收竞争的实证研究［J］．当代财经，2012（4）：30－40．

③ 龙小宁，朱艳丽，蔡伟贤等．基于空间计量模型的中国县级政府间税收竞争的实证分析［J］．经济研究，2014（8）：41－53．

④ Andersson F.，Forslid R. Tax Competition and Economic Geography［J］．Journal of Public Economic Theory，2003，5（2）：279－303．

成的“集聚租”这一重要因素纳入了税收竞争研究范畴时，拥有产业集聚的中心地区设置了更高的税率，但并不影响资本的迁移意愿。

Baldwin，R. E. 和 Krugman P.（2004）研究发现产业集聚创造了集聚租，因此集聚地区可以在不损害资本的情况下，对企业收取更高的税，且在产业聚集的情况下集聚地区的企业税率敏感性降低，能够承受更高的税负①。

Borck R. 和 Michael Pflüger（2006）得出即使流动要素没有获得集聚租，产生局部集聚的中心地区仍然能维持一个正向税率差的结论②。产业集聚在税率选择上发挥着积极影响，政府对集聚租金征收力度的大小，取决于该地区产业集聚相对于邻近地区的集聚程度，即集聚度越高的区域，其税率越高。

Brulhart 和 Jametti（2012）依据瑞士城市层面的数据从新企业选址的视角分析产业集聚对地方政府税收竞争的影响，发现地区的高税率会阻碍新企业流入，但这种阻碍作用对于存在集聚的行业会明显减弱，大概减弱50%③。

Hyun-Ju Koh 和 Riedel（2010）根据德国的数据从地方化经济和城市化经济两个维度探究产业集聚对地方税率设定的影响④。研究结果表明，当地方化经济和城市化经济分别提升10%时，地方税率将上升3%和0.6%。

Jofre-Monseny（2013）通过分析西班牙近3000个城市的销售税税率形成机制，探讨集聚效应对地区间的税收竞争程度的影响⑤。实证结果显示：在各区域情况大体相似的前提下，产业的集聚程度越高，生产要素对边际税率的弹性越大，即经济集聚强化了税收的作用，但地方政府并未对此作出反应，其税收竞争行为并未由于集聚程度的差异发生变化，即在分散均衡状态下，产业集聚对地方政府的税收竞争行为不产生影响；而在集聚均衡区域下，经济集聚减弱了税收的效应，并且有效减轻了“中心区”和“外围区”的税收竞争程度。这一实证结果较好地支撑了新经济地理学在税收竞争理论研究方面的核心结论。

同时也有学者反向研究税收竞争对产业集聚的影响。Cartier C.（2001）发

① Baldwin R. E.，Krugman P. Agglomeration，integration and tax harmonisation［J］. European Economic Review，2004，48（1）：1－23.

② Borck R.，Michael Pflüger. Agglomeration and tax competition［J］. Iza Discussion Papers，2006，50（3）：647－668.

③ Brulhart M.，Jametti M.，Schmidheiny K. Do Agglomeration Economies Reduce the Sensitivity of Firm Location to Tax Differentials?［J］. The Economic Journal，2012，563（122）：1069－1093.

④ Koh H. J.，Riedel N.，Bhm T. Do Governments Tax Agglomeration Rents?［J］. Journal of Urban Economics，2013，75：92－106.

⑤ Jofre-Monseny J. Is Agglomeration Taxable?［J］. Journal of Economic Geography，2013，13（1）：177－201.

现为培育和引导产业发展，政府通常采取设立开发区给予税收优惠或者财政返还等形式进行招商引资，吸引足够的外地资本到辖区内投资，以此获得形成产业集聚的竞争力①。Forslid 和 Midelfart（2001）研究得出政府可以通过给予企业补贴来促进产业集聚的形成，扩大集聚的外部性②。Bennis（2006）经过仔细的分析，认为财政激励政策和税收优惠措施对开发区高新技术产业发展的正效应是有限的，甚至存在负面作用③。

2. 国内对产业集聚与地方政府税收竞争的研究。检验产业集聚对地方政府税收竞争的影响，是近几年研究的热点议题，我国学者主要从实证研究角度，探讨了产业集聚对地方政府税收的竞争行为及竞争程度的影响。

（1）产业集聚对地方政府税收竞争行为的影响。国内关于产业集聚和地方政府税收竞争研究，许多学者在产业集聚对地方政府税收竞争行为的影响方面展开了探讨。

雷根强和何惠敏（2009）以“基础”“企业”和“市场”④ 三个因素作为区域产业集聚程度的衡量指标，使用我国 1978 ~ 2005 年 27 个省份的面板数据，从东部、东中部和全国层面检验 Baldwin 和 Krugman 的经典结论在我国的适用性⑤。研究发现，产业集聚对我国地方政府税收竞争产生正向影响，产业集聚程度高的地区税负更高。根据新经济地理学“中心—外围”分析框架，东部地区属于我国产业集聚的“中心区”，在区域税收竞争中占据主动权，随着产业集聚程度的提高，地方政府间的税收竞争将由单纯粗放的税率竞争转向公共服务水平的竞争；而广大中西部地区是我国经济发展的“外围区”，在区域税收竞争中较为被动。

关爱萍（2018）基于 2000 ~ 2015 年中国省际面板数据，利用动态面板 GMM 模型分析了经济集聚、税收竞争对中国地区间产业转移的影响⑥。研究发现，经

---

① Cartier C. “Zone Fever”, the Arable Land Debate, and Real Estate Speculation: China's evolving land use regime and its geographical contradictions [J]. Journal of Contemporary China, 2001, 10 (28): 445 - 469.

② Forslid R., Midelfart K. H. Internationalisation, industrial policy and clusters [J]. Journal of International Economics, 2001, 66 (1): 197 - 213.

③ So, Bennis Wai Yip. Reassessment of the state role in the development of high-tech industry: A case study of Taiwan's Hsinchu Science Parks [J]. East Asia, 2006, 23 (2): 61 - 86.

④ “基础”因素包括劳动力集聚因素和交通条件；“企业”因素指地区拥有的规模以上工业企业数量；“市场”因素包括内部市场和外部市场，其中内部市场指的是地区 GDP 规模，外部市场指进出口贸易规模。

⑤ 雷根强，何惠敏．产业集聚对我国区域税收竞争的影响——对我国省际面板数据的检验［J］．税务研究，2009（9）：26 - 30.

⑥ 关爱萍．经济集聚、税收竞争与地区间产业转移［J］．宏观经济研究，2018（4）：48 - 53.

济集聚对中国地区间产业转移具有显著正影响，税收竞争对中国地区间产业转移具有显著的负向影响，各地区之间确实存在产业转移税收竞争，企业所得税竞争是产业转移中更为重要的竞争手段，增值税竞争程度相对较轻；经济集聚和税收竞争对产业转移具有交互影响，经济集聚的存在使得地区间对产业转移的税收竞争变得更加多样化。

在研究中，产业集聚在不同的区域对地方政府税收竞争的影响具有异质性的结论在国内学界也得到了普遍认可。而且国内学者在进行实证分析时，习惯以东、中、西三大区域作为划分标准对省级层面的数据进行对比研究。

付文林和耿强（2011）使用我国2000～2009年的面板数据，从投资选址的角度分析经济集聚在东、中、西部不同区域对地方政府税收竞争的影响①。研究结论表明，我国东中部地区一些省份出现的经济集聚为地方政府带来了“集聚租金”，为地方政府吸引企业投资的税收行为提供了差异化的竞争策略。而西部地区省份的税负水平、经济集聚变量和投资变量均为正相关，说明西部省份采取高税负的税收竞争策略，并未通过降低税率来吸引投资。

谢乔昕、孔刘柳和张宇（2011）分析了我国三大经济地理分区1997～2007年时间跨度内产业集聚与税收竞争之间的关系②。研究结果显示产业集聚对我国不同地区税负的影响程度存在明显的不同，对东部地区税负有显著的正向影响，而对中西部地区税负的影响不显著，且东部地区和中西部地区产业集聚度存在差异，导致其在税收竞争中地位的不同，产业集聚实现税收协调，有助于缓解地方政府间的恶性税收竞争。

同时，学术界还对我国横向税收竞争中的税种及税率与产业集聚结合在一起进行了分析。郭杰和李涛（2009）发现我国地方政府税收竞争的性质与程度方面的证据，利用1999～2005年中国省级面板数据，基于空间计量模型对这些问题进行了实证分析③。主要研究发现包括：各省份的增值税、企业所得税、财产税类的税负水平表现出显著的同期的空间策略互补特征，而各省份的营业税、个人所得税的税负水平却表现出显著的同期的空间策略替代特征；此外，各省

---

① 付文林，耿强．税收竞争、经济集聚与地区投资行为［J］．经济学：季刊，2011（4）：1329－1348.

② 谢乔昕，孔刘柳，张宇．经济差距、产业集聚与税收竞争——基于区域差异的角度［J］．税务与经济，2011（1）：65－69.

③ 郭杰，李涛．中国地方政府间税收竞争研究——基于中国省级面板数据的经验证据［J］．管理世界，2009（11）：54－64.

份的营业税、财产税、各种费的税负水平都表现出显著的时间上的路径依赖特征。

（2）地方政府是否对产业集聚带来的“集聚租”征税。对于我国地方政府是否对产业集聚带来的“集聚租”征税的问题，以及对当下地方政府的税收竞争策略的界定，国内的实证研究呈现出不同的观点：

一种观点是我国地方政府并未对“集聚租”征税，标准税收竞争理论中的“逐底竞争”仍然是地方政府税收竞争的主要手段。钱学锋、黄玖立等（2012）[①]使用1999～2007年我国284个地级市工业企业层面的微观数据，引入产业集聚经济和城市集聚经济变量对企业税收负担进行回归，揭示了我国地方政府并没有对集聚经济产生的“集聚租”征税，传统的“竞次”的税收竞争依然是地方政府的通常选择。蒲艳萍和成肖（2017）引入三个维度的空间权重因素和经济集聚变量，利用我国2002～2014年省际面板数据对地方政府的税收竞争行为进行分析，发现我国地方政府没有对“集聚租”征税，经济集聚地区的企业对企业所得税边际税率的变动仍具有较高的弹性，但经济集聚因素确实降低了地方政府间税收竞争的激烈程度[②]。

另一种观点则指出，我国地方政府已经开始对“集聚租”征税，税收竞争中的“逐底竞争”现象已经发生改变。陈静和马小勇（2014）利用我国1994～2012年的省级面板数据检验了产业集聚与税收竞争之间的关系[③]。结果表明：就全国层面而言，产业集聚对税收竞争具有正向影响，集聚水平越高，税负也越高；而分地区来看，产业集聚水平较高的东部地区在税收竞争中获得优势，由“竞次”的税收竞争转向提供更好公共服务的良性税收竞争。李杜宁和马楠（2015）基于加入集聚因素的新经济地理学税收竞争模型，使用我国2005～2011年的省际面板数据分别对全国和东、中、西部的区域性税负进行回归，发现产业集聚对税负的影响在不同的地区呈现出异质化特征，集聚因素对东部地区的税负具有正效应，在中西部地区则为负效应，由此推论，东部地区的“集聚租”明显高于中西部地区，推动东部地区地方政府对“集聚租”征税[④]。邵明伟、钟

① 钱学锋，黄玖立，黄云湖．地方政府对集聚租征税了吗？——基于中国地级市企业微观数据的经验研究［J］．管理世界，2012（2）：19－29.

② 蒲艳萍，成肖．经济集聚、市场一体化与地方政府税收竞争［J］．财贸经济，2017（10）：37－50.

③ 陈静，马小勇．新经济地理视角下产业集聚对税收竞争的影响——基于GMM估计的省级动态面板数据分析［J］．生产力研究，2014（6）：58－64.

④ 李社宁，马楠．在产业集聚背景下的地方税收竞争与经济增长［J］．西部财会，2015（4）：15－18.

军委和张祥健（2015）使用我国 2000 ~ 2011 年省际面板数据建立空间联立方程，研究经济的空间集聚与省域税负水平的关系[①]。研究发现经济集聚降低了企业对区域边际税率的敏感性，企业的区位被地区的集聚因素锁定。省域的空间集聚与税负水平呈现出倒 U 形关系，地方政府间存在着差异化的税收竞争行为：东部地区省份基于较高的产业集聚程度在税收竞争上采取“高位模仿”策略，中部地区基于成长型的空间集聚现实普遍保持较低的税负水平，而西部地区省份的情况较为复杂，彼此之间的税负水平呈现反向变化态势。

禚铸瑶、陈建宝等（2018）分别从产业集中度、产业专业化程度和产业关联度三个维度对我国 280 个城市 10 年间的经济集聚程度进行测算，发现我国的经济集聚已具备一定规模，但不同地区的经济集聚形态存在差异，东部地区产业集中度和产业关联性高，但产业专业化程度低，中西部地区产业专业化程度高，但集中度和关联度较低。基于中国目前各个地区形态各异的经济集聚现状，他们使用我国 1999 ~ 2008 年城市层面的企业面板数据进行均值回归和分位数回归，发现地方政府对“集聚租”征税效应显著，且中西部地区对“集聚租”征税能力更强[②]。

最近，还有一些学者从地方政府税收竞争的具体渠道考察产业集聚对地方政府税收竞争的影响。邓明（2018）将地方政府税收执法强度的多阶段博弈模型和动态空间面板数据模型结合起来，使用我国 1998 ~ 2007 年的地级市层面数据研究产业集聚对我国地方政府税收执法强度的影响，发现我国地方政府会比照本地区与经济上相邻地区的经济集聚水平改变税收执法强度，当本地区的经济集聚水平高于竞争地区时，地方政府会对这种“相对集聚”征收集聚租[③]。

综上所述，国内对于地方政府税收竞争的实证研究在地方政府税收竞争行为策略具有差异化，产业集聚能够缓解税收竞争以及产业集聚对税收竞争在不同区域影响程度存在异质化特征等方面已经基本达成共识，但对于我国地方政府是否对“集聚租”征税以及产业集聚下地方政府税收竞争的普遍策略还存在分歧，有待进一步验证。

---

① 邵明伟，钟军委，张祥建．地方政府竞争：税负水平与空间集聚的内生性研究——基于 2000 ~ 2011 年中国省域面板数据的空间联立方程模型［J］．财经研究，2015（6）：58 – 69.

② 禚铸瑶，陈建宝，宋超．经济集聚视角下我国地方政府的征税策略及其影响因素研究［J］．统计研究，2018（2）：40 – 52.

③ 邓明．经济集聚如何影响了中国地方政府的税收执法强度？［J］．财政研究，2018（3）：112 – 113.

三、研究内容与方法

（一）研究内容

首先对产业集聚和地方政府税收竞争进行理论分析，回溯产业集聚与地方政府税收竞争理论的发展脉络，阐述产业集聚影响地方政府税收竞争的理论依据：产业集聚会带来外部规模经济，可以使地区内的生产要素获得“集聚租”，当集聚达到一定程度时，政府可以对“集聚租”征税且不会导致生产要素的流失，从而避免标准税收竞争理论中的税收“逐底竞争”。然后，从制度现状上分析我国地方政府进行税收竞争的主要形式，基于我国产业集聚迅速发展和地方政府税收竞争不断深化的现状，分别以工业基尼系数和经济产出的空间分布密度作为度量产业集聚专业化水平和总量水平的指标，对我国30个省级行政区划的产业集聚水平进行详细测度，并分别以指标的均值和数值1为临界值，将我国30个省份划分为“高专业化低产出区”“高专业化高产出区”“低专业化低产出区”和“低专业化高产出区”四类产业集聚程度和类型不同的区域。在实证分析部分，首先从省级区域性税负和企业税负两个层面对产业集聚对地方政府税收竞争的影响进行检验。其中，在省级区域性税负层面，分别以省级区域性总税负、企业所得税税负、个人所得税税负、增值税税负和财产税税负为被解释变量检验产业集聚对地方政府税收竞争的影响，考察地方政府在不同税种间进行税收竞争的差异，并引入地区虚拟变量分析四类产业集聚程度不同的地区地方政府税收竞争的异质性。其次主要以经济产出密度作为核心解释变量，从全国和地区两个层面分析产业集聚总量水平与税收竞争的非线性关系。其中地区层面的实证分析将我国30个省份划分为东部和中西部，以分析产业集聚与税收竞争非线性关系的地区结构差异。

本书共分为六个部分，五个章节：

导论部分阐述了本书的研究背景和意义，概述了全书的主要内容和研究框架，对现有的国内外文献进行梳理总结，并阐述本书的创新与不足。

第一章产业集聚对地方政府税收竞争影响的理论分析。首先，界定产业集聚与税收竞争的概念与内涵，确定研究范围；然后，回顾了产业集聚与税收竞争的理论发展脉络，进而阐述了产业集聚影响地方政府税收竞争的理论依据和作用机制。

第二章中国产业集聚与地方政府税收竞争的现状分析。首先通过对产业集聚两个衡量指标，即工业基尼系数和经济的空间产出密度指数进行测算，分别衡量各省级行政区划的地区专业化水平和集聚产出水平，并从这两个维度对我国30个省份的产业集聚类型进行分类，分为“高专业化低产出区”“高专业化高产出区”“低专业化低产出区”和“低专业化高产出区”四大区域。其次，根据产业集聚的两个衡量指标从省级区域性税负和企业微观税负层面对我国产业集聚和税收竞争的现状进行描述，并分区域初步比较两者之间的关系。

第三章产业集聚对地方政府税收竞争影响的实证分析。在省级区域性税负层面，建立空间计量模型分别从省级区域性总税负、企业所得税税负、个人所得税税负、增值税税负和财产税税负维度检验产业集聚对地方政府税收竞争的影响；在企业税负层面，使用近10年上市公司数据从微观上检验产业集聚对地方政府税收竞争的影响。

第四章产业集聚与税收竞争的非线性关系。在全国层面，选用产业集聚的一阶滞后变量作为工具变量，通过最小二乘法（OLS）和面板数据随机效应回归模型（RE）分析了税收竞争与产业集聚间的非线性关系；在地区层面，将全国30个省市自治区（其中不包括台湾省、西藏自治区、香港特别行政区和澳门特别行政区），按照其所处的地理区位分为东部和中西部两大地区，首先采用最小二乘法（OLS）进行回归，再选取产业集聚的一阶滞后变量作为工具变量，采用两阶段最小二乘法（2SLS）进行估计，分析产业集聚与税收竞争非线性关系的地区差异。

第五章适应产业集聚规范税收竞争的对策建议。根据实证结果从规范和清理税收优惠、加快地方税体系建设、促进产业集聚水平提高以及完善官员晋升考核制度、转变政府治理理念等方面提出相关对策建议。

（二）研究方法

本书采用文献研究法、规范分析以及实证分析等方法，对产业集聚对地方政府税收竞争的影响进行研究：

1. 文献研究与资料检索法。一方面，广泛搜集国内外相关文献，把握相关领域的研究现状并进行归纳总结，为本文的研究框架和思路提供基础；另一方面，对《中国统计年鉴》《中国工业统计年鉴》、Wind 数据库等统计资料以及各级政府网站进行检索，搜集本书研究所需的数据和材料，并对数据进行初步的可视化处理。

2. 规范研究分析方法。理论部分首先回溯产业集聚理论和地方政府税收竞争理论的发展脉络，着重剖析新经济地理学视角下产业集聚影响地方政府税收竞争的作用机制。然后，对地区产业集聚的程度进行量化，分别以工业基尼系数和经济产出的空间密度指数作为产业集聚地方化经济和城市化经济的衡量指标，并根据量化结果对我国 30 个省份进行划分，分为产业集聚程度和类型不同的四个区域并对各区域的税收竞争情况进行初步描摹。

3. 实证研究分析方法。实证分析部分首先以省级区域性税负和企业微观税负作为地方政府税收竞争情况的代理变量，引入带权重集的税负策略反应变量和地区虚拟变量构建多层次的空间计量模型分别从区域性总税负、企业所得税税负、个人所得税税负、增值税税负和财产税税负层面分区检验产业集聚对地方政府税收竞争的影响。其次选取产业集聚的一阶滞后项作为工具变量，采用最小二乘法（OLS）、面板数据随机效应模型（RE）和两阶段最小二乘法（2SLS）等方法，检验全国和地区两个层面上产业集聚与税收竞争的非线性关系。

四、创新与不足

（一）主要创新点

与已有文献相比，本书可能的创新点主要有两方面：

一是有别于以往简单的“东中西”区域分析，主要从地区专业化程度和经济产出密度两个维度对产业集聚的程度和类型进行了细分，根据工业基尼系数和经济的空间产出密度指数对我国 30 个省份的产业集聚程度进行测算，划分为“高专业化低产出区”“高专业化高产出区”“低专业化低产出区”和“低专业化高产出区”四类区域，并使用虚拟变量检验产业集聚对集聚程度和类型不同的区域税收竞争影响的异质性。

二是实证计量模型及角度创新，本书分析产业集聚对地方政府税收竞争的影响时，从省级区域性税负和企业税负的中观和微观维度分别对产业集聚影响地方税收竞争的情况进行考察，数据更加丰富。在省级区域性税负层面，从区域性总税负和企业所得税税负、个人所得税税负、增值税税负和财产税税负多税种税负层面进行产业集聚对地方政府税收竞争影响的分析，有助于厘清地方政府进行税收竞争的侧重点，以及利用不同税种进行竞争的特点，使实证结论更加丰富，更具说服力。另外，在计量模型中引入权重集，有助于更好地模拟地方政府税收政策互相影响的现实，使模型更具解释力。

（二）不足之处

本书使用工业基尼系数测算我国省级行政区划的产业集聚专业化程度。计算工业基尼系数时使用的是我国 27 个二位数制造业的工业销售产值，未涵盖所有的二位数行业，也未对三位数、四位数等更细分的行业进行测算，对各省级行政区划产业集聚专业化程度的描摹可能存在一定程度上的偏差。

另外，作为产业集聚和税收竞争代理变量的各项衡量指标停留在省级层面，较为宏观，未延伸到地级市或县域层面。因此，对产业集聚和地方政府税收竞争行为的分析还不够翔实，这也是接下来值得进一步研究的方向。

第一章
产业集聚对地方政府税收竞争影响的理论分析

第一节　相关概念界定

本书研究的主题是产业集聚对地方政府税收竞争的影响以及二者之间的非线性关系，本节首先对“产业集聚”“税收竞争”和“集聚租”等概念进行界定，阐明研究对象和范围，为后续的分析奠定基础。

一、产业集聚概念界定

“产业集聚”一词是对一种经济集中现象的描述，类似的概念脱胎于波特在《国家竞争优势》中提出的“产业集群”——有关产业内的企业、供应商及专门领域的相关机构（如贸易协会、代理机构、大学等）在地理上的集中现象，这些企业或机构既相互竞争又相互合作。后续很多西方学者借鉴波特的观点，开始以“具有垂直和水平联系的相关产业的企业和支持机构的地理集聚”来定义经济活动在空间上集中的经济现象，即“产业集聚”现象。

国内学者在界定“产业集聚”概念时，也主要以波特提出的“产业集群”概念为基础进行拓展和延伸。早期的研究者从不同的维度对产业集聚的概念和内涵作出解释。一部分学者主要按照波特的逻辑，侧重于企业或产业的集中，从“产业”和“集聚”两方面来定义“产业集聚”，如徐康宁（2001）认为产业集聚指的是相同的产业高度集中在某一个特定的区域内[①]；王缉慈（2002）给出了比较具体的阐释：产业集聚是指在特定的产业及相关领域内，大量联系密切的企业及相关支撑机构在空间上集聚并形成持续、强劲的竞争优势[②]；宋胜洲等（2012）认为，产业集聚是指某些相似的企业集中在某个地区生产某种产品，这

① 徐康宁．开放经济中的产业集群与竞争力［J］．中国工业经济，2001（11）：22－27.
② 王缉慈．地方产业群 生命在特色［J］．中国经济信息，2002（10）：5－6.

些企业的上下游企业和配套的相关服务业企业也高度地集聚在该地区①。还有一些学者将产业集聚理解为一种经济组织形式，从企业组织管理的角度界定产业集聚的概念。例如仇保兴（1999）将产业集聚看作一种介于市场和企业内部组织之间的结构形态，是一群相互独立又相互关联的企业根据专业化分工和协作在一定的地理空间内建立起来的产业组织形式②。沈玉芳和张超（2002）认为，产业集聚在市场竞争中以区域群落的形式出现，强调相关产业中的企业之间竞争与合作并存的关系，他们认为产业集聚既是生产组织形式，也是经营组织形式③。

本书主要研究产业集聚对地方政府税收竞争的影响以及二者间的非线性关系，侧重于区域经济发展层面，故根据前一种概念界定的逻辑，沿用宋胜洲等（2012）在《产业经济学原理》一书中对产业集聚的定义，将产业集聚理解为一种经济活动的集中。具体而言，产业集聚即特定产业、支持性产业、配套服务业的企业及相关支撑机构基于专业化分工和基础设施共享在空间范围内的集聚现象。另外，使用广义的“产业集聚”的概念，既包含行业专业化分工形成的指向性产业集聚，也包括共享外部营商环境形成的经济联系集聚。

二、税收竞争概念界定

税收竞争是一个比较大的概念，按照不同的分类标准可以划分为国际税收竞争和国内税收竞争、横向税收竞争和纵向税收竞争、绝对税收竞争和相对税收竞争等。鉴于本书研究的是地方政府间的税收竞争行为，此处的概念界定从国内不同辖区的税收竞争，即国内横向税收竞争的范畴出发进行探讨。关于地方政府间税收竞争概念的界定，国内外学界存在不同的说法，按照定义侧重点的不同大致可分为“影响效果论”和“目的手段论”两种。

侧重于税收竞争影响效果的地方政府间税收竞争概念主要来源于西方学者，他们以是否存在外部效应作为税收竞争的判别标准。Mintz 和 Tulkens（1986）在

① 宋胜洲，郑春梅，高鹤文．产业经济学原理［M］．北京：清华大学出版社，2012.

② 仇保兴．小企业集群研究［M］．上海：复旦大学出版社，1999.

③ 沈玉芳，张超．加入 WTO 后我国地区产业调控机制和模式的转型研究——兼论区域产业群落理论和地域生产综合体理论的替代关系［J］．世界地理研究，2002（1）：15－23.

研究联邦各州的商品税竞争时提出了较为权威的税收竞争概念：在地方政府具有税收立法权和自主权时，一个政府的税收政策会影响其他政府的税收收入。每个政府都可以通过改变自身与其他政府的相对税率关系在有损于或有利于其他政府的情况下改变自身税基的规模①。Wilson（1986）将税收竞争视为一种降低税率和公共服务水平的政府行为，并根据竞争范围的不同分别在广义和狭义上界定税收竞争②。他认为广义的税收竞争是指不同的政府主体基于相对独立的利益需求和政策行为能力进行非合作的税收安排；而狭义的税收竞争是指一个政府的税收政策通过影响流动性税基进而影响税收在不同政府之间的收入分配。类似地，国内学者邓力平（2006）也将财政政策的外部性作为国内税收竞争研究的出发点，认为当某地区以降低税率，提供税收优惠等手段吸引其他地区的生产要素时，会侵蚀其他地区的税基；而当其他地区也通过提供类似的税收政策争夺流动性税基时，就会产生税收竞争③。

"目的手段论"的税收竞争概念则侧重于凸显税收竞争的目的和实施手段，这类税收竞争概念的界定逻辑受到了国内学者的普遍认可。李建英和薛荣芳（2002）在研究税收竞争的分类及效应问题时引入西方财政学界对税收竞争概念的界定：认为所谓税收竞争，是指各地区竞相降低有效税率，或实施有关税收优惠等措施以吸引其他地区财源流入的一种政府自利行为④。谭祖铎（2000）提出，税收竞争是指辖区政府通过税式支出吸引其他辖区资源流入，扩张税基进而增加政府收入的行为，以及通过输出税负在不增加本辖区居民实际税负的前提下尽可能从其他辖区获取收入的行为⑤。郭馨娜（2002）则将税收竞争定义为一种地方保护主义行为，认为辖区间的税收竞争是指地方政府在实施区域发展战略时，为营造区位优势而越权减免吸引异地纳税人和资本流入的行为⑥。陈晓等（2003）认为，税收竞争是指地方政府为了获取有限资源而竞相降低税率的行为⑦。周克清等（2003）提出税收竞争是政府间为增强本辖区经济实力，提高

① Mintz J., Tulkens H. Commodity tax competition between member states of a federation: equilibrium and efficiency [J]. Journal of Public Economics, 1986, 29 (2): 133-172.

② Wilson J. D. A theory of interregional tax competition [J]. Journal of Urban Economics, 2006, 19 (3): 296-315.

③ 邓力平．国际税收竞争的不对称性及其政策启示［J］．税务研究，2006（5）：3-8.

④ 李建英，薛荣芳．税收竞争的分类及其效应［J］．税务研究，2002（7）：44-45.

⑤ 谭祖铎．浅论税收竞争［J］．税务与经济，2000（2）：12-14.

⑥ 郭馨娜．警惕辖区间税收竞争中的税收流失［J］．吉林财税，2002（9）：25-25.

⑦ 陈晓，肖星，王永胜．税收竞争及其在我国资本市场中的表现［J］．税务研究，2003（6）：18-23.

福利水平而以税收为手段进行的各种争夺经济和税收资源的活动①。刘蓉等（2003）认为，税收竞争是各辖区政府或各级政府以税收为手段或以税收为目的的政府间竞争行为②。

综上可知，"影响效果论"的税收竞争概念强调"竞争"，即一方税收政策对其他参与方造成的影响以及被影响方的反应策略，着重于各参与方之间的博弈互动关系；而"目的手段论"税收竞争概念更侧重于"税收"，强调税收竞争的核心以降低税率，实施税收优惠为手段，以扩大辖区税基，增加辖区税收收入为目的。但两类税收竞争概念在税收竞争的前提、对象和范围等方面都达成了一定程度的共识。

基于研究范围，综合已有的两类税收竞争概念的特点，使用葛夕良（2005）的《国内税收竞争研究》一书中给出的国内税收竞争定义作为本书研究的基础：地方政府间的税收竞争即一国范围内不同辖区的政府基于自身利益的最大化动用税收手段进行制度内和制度外的角逐行为与博弈过程③，具体过程既包括降税吸引生产要素的"逐底"竞争，也包含对"集聚租"征税的"逐顶"竞争。

三、"集聚租"与对"集聚租"征税

"集聚租"的概念来源于新经济地理学，基于正外部性理论和规模报酬递增理论产生，是指集聚区域企业非自身因素获得的高于非集聚区域企业的超额收益。这种超额收益会对企业的区位选择产生锁定效用：一开始企业源于这种超额收益的吸引进驻到集聚区域，后期愿意为这种超额收益承担更高的成本，只要保证最终的超额收益为正即可。Ottavianno 和 Van Ypersele（2005）的研究形成了最早的"集聚租"概念，即经济活动集中地区的资本回报率高于经济活动分散地区资本回报率的部分④。综上，"集聚租"是一种超额收益，是一个相对的概念，存在的前提是地区之间不同质，即和非集聚地区相比，集聚地区具有

① 周克清，郭丽．论我国政府间税收竞争的理论基础及现实条件［J］．国际税收，2003（8）：13－16.

② 刘蓉，周克清，颜晓玲．西部大开发过程中税收制度的规范调整［J］．税务与经济，2003（2）：49－52.

③ 葛夕良．国内税收竞争研究［M］．北京：中国财政经济出版社，2005.

④ Ottaviano，G. I. P. and Van Ypersele，T. Market Size and Tax Competition［J］．Journal of International Economics，2005，67（1）：25－46.

更高的经济正外部性。实质上，可以将“集聚租”理解为产业集聚经济效应的具象化和概念化。国内一些学者基于我国产业园区经济繁荣的现状，提出“政策租”的概念，对“集聚租”与“政策租”进行区分，他们认为我国部分地区的产业集中现象并非市场自发形成，而是政府通过优惠措施主导的集中，后者不具备征税的基础。本书着重关注产业集聚对地方政府税收竞争的单向影响，而暂时不对市场自发形成的产业集聚和政府主导形成的产业集聚作具体区分。

企业为获取“集聚租”愿意承担更高的成本，只要净超额收益为正，成本的增加不会导致企业或生产要素从本区域流失，这就为地方政府对“集聚租”征税提供了可能。通常所说的地方政府对集聚租征税并不是指开征一个新的税种，而是通过增加集聚区域内企业所承担的实际税负来实现税收目标，由于地方政府税收策略的不同可能涉及多个税种，具体的渠道包括提高名义税率、减少税收优惠或增强征管力度等。当然，地方政府对“集聚租”征税存在一个上限的临界值，即地方政府对企业额外征收的税收需要始终低于“集聚租”带给企业的超额收益，保证企业在集聚区域内享有高于非集聚区域的收益，否则企业或生产要素就会向能取得更高净收益的地区流动。

对“集聚租”征税的概念将产业集聚效应与地方政府的税收行为纳入一个分析体系，指出具备产业集聚效应的地方政府相较于不具备集聚效应的地方政府可以获得更多的税收收入，为地方政府间的税收竞争策略提供了新的思路。

第二节　产业集聚与地方政府税收竞争的理论依据

产业集聚是产业经济学和区域经济学的重要概念，而税收竞争则隶属于公共经济学的研究范畴，二者在 Krugman 开创的新经济地理学中被统一到一个分析框架内并实现融合。本节首先对产业集聚理论、税收竞争理论和新经济学理论的发展脉络进行梳理，再着重分析新经济地理学两种均衡状态下产业集聚影响地方政府税收竞争的原理和机制。

一、产业集聚理论

产业集聚理论的研究起源于马歇尔（Marshall）的外部经济理论，之后一共出现了三次研究高潮，分别是 Weber 的工业区位理论，Hoover 对集聚经济类型划分的研究和 Krugman 的新经济地理学规模经济理论。

（一）外部经济理论

A. Marshall（1890）在《经济学原理》中对第四种生产要素“组织”进行阐述时较早地关注到产业集聚现象，他认为外部经济在一定的程度上会导致密切相关的产业，如制造业、建筑业、运输业及农业等企业集聚在一起，且聚集的程度在一定的时期是呈上升的趋势，这种集中在一起的厂商比单一孤立的厂商更有效率，而这种效率来源于外部经济①。所谓外部经济，也称为外部规模经济，用来指外在于企业、内在于产业（区域）的加总的规模经济，指厂商通过所处的整个产业或地区的发展获益，区别于依靠企业内部因素，如资源、生产效率或组织制度的优化而获益的内部经济。这种外部性本质上就是空间外部性、是企业在空间接近过程中产生的效应。马歇尔认为这是造成产业集聚的关键性因素，并指出当一个产业在一个地方出现后，就趋向于在这个地区长时间的发展，因为人们会发现与近邻之间从事相同的经济活动具有很大的优势，从而产生类似于锁定效应的结果。

另外，他从生产联系的角度提出了“产业区”的概念，指出对外部规模经济的追求是形成“产业区”的根本经济动因，而“产业区”会使更多同类型的产业在空间上集聚，整个产业区的平均生产成本将进一步下降，其内部作用机理主要体现在三个方面：一是有专门技能的劳动力将集聚在产业区，降低产业区厂商的劳动要素投入成本；二是辅助性工业的集中为厂商提供更好的专业化支持；三是同类型厂商的集中带来信息的外溢提高厂商的生产效率。

① 马歇尔．经济学原理［M］．朱攀峰，译．北京：北京出版社，2007.

（二）工业区位理论

工业区位理论的研究重点是工业活动的区位，微观上关注厂商选址问题，宏观上关注某个地区或国家的工业区位布局。

工业区位理论的奠基者 Alfred Weber（1909）系统地解释了工业活动的空间分布，较为详细地阐述了产业集聚的动因。他提出企业会选址在成本最小化的区域，影响工业区位的两大要素是运输成本和劳动成本，进而将区位因素分为影响区域间工业空间分布的“区域因素”和将工业集中在某区域的“集聚因素”。Weber 使用临界运费曲线等定量方法对企业的集聚行为进行研究，发现企业是否彼此靠近取决于集聚的成本与收益，集聚带来的运费节省大于迁移带来的成本时，产业集聚才有可能产生。Weber 还将产业集聚分为两个阶段，第一阶段是企业通过自身规模的扩大形成集聚优势；第二阶段是各企业通过联结或互补以更完善的组织方式集中于某一空间，后者是更高级的产业集聚阶段。

Hoover（1937）根据 Weber 对产业集聚阶段的划分将集聚经济进一步划分为内部规模经济、地方化经济和城市化经济三个层面，三者的涵盖范围由小及大。其中，内部规模经济的含义相当于 Weber 产业集聚的低级阶段，存在于企业内部；地方化经济突破企业的边界，扩大到整个同类产业层面，对于企业内部而言是外部规模经济；城市化经济则突破产业的边界，扩大到整个区域经济体层面，对于地方化经济而言，城市化经济为整个产业带来外部规模经济。

（三）增长极理论

增长极理论最初由法国经济学家佩鲁（Perroux）提出，其后布德维尔（Boudeville）、缪尔达尔（G. Myrdal）等加以完善。佩鲁在一国经济不平衡增长的论战中类比磁场运动在磁极最强的物理学原理，从而提出经济增长极的概念。根据佩鲁的思想经济增长不是同时平均地出现在所有的区域，通常都是首先出现在一个或多个快速增长的“中心”，再逐渐向其他部门或地区传导。这种增长的“中心”即增长极，一般指围绕在一定时期内作为主导的推进性工业部门而组织的有活力的一组产业，它不仅能实现自身的快速增长，还能通过乘数效应极大地推动其他部门增长。因此，增长并非同时出现在所有地方，而是以不同强度首先出现在一些增长点或增长极上，这些增长点或增长极通过不同的渠道向外扩散，对整个经济产生不同的最终影响，而我们可以选择特定的行业或地理空间作为增长极，主动形成集聚，带动整个经济体的发展。

但佩鲁所认为的增长极是一种“推动性单位”（propulsive unit），它自身的增长和创新将促进其他单位的增长。推动性单位可能是一个工厂，或是同部门内的一组工厂，或是有共同合约关系的某些工厂、产业的集合。而布德维尔（Boudeville）则将增长极理解为相关产业的空间集聚。根据增长极理论，政策制定的关键是在地区内建立推动性工业，通过工业集聚来推动经济增长。

（四）新产业区理论

关于新产业区理论，国内外均有不同程度的研究。国外的研究最早起源于20世纪70年代末，意大利的社会学家Bagnas，他首先关注意大利东北部与中部地区的发展，并提出“第三意大利”的概念。后续，意大利的社会学家Becattini（1979），将“第三意大利”的发展模式定义为“产业区”发展模式，他在系统考察了意大利中部的Tuscany地区后，将“第三意大利”这些专业化区域与当年马歇尔在英国观察到的“产业区”进行比较分析，发现二者有些相似。他把“第三意大利”称作“马歇尔式的产业区”，认为这些产业区的发展，得益于在本地劳动分工基础上实现的经济外部性，以及当地社会文化背景支持下企业之间的相互作用，并将这些产业区定义为：“产业区是具有共同社会背景的人们和企业在一定自然意义的地域上形成的社会地域生产综合体。”

20世纪80年代，西方发达国家进入了普遍衰退的经济危机阶段，但这些国家内部有一些区域却保持着较快的增长势头。Piore和Sabel（1984）基于对意大利、德国等中小企业集群的长期观察，提出“弹性专精”的概念来解释这些区域的增长。所谓“弹性专精”指的是一种生产形式，大量中小企业柔性地集聚在一起，集中优势专门生产某一种产品，既保持各企业生产灵活且富有弹性的特点，又具备整体的市场反应能力和技术协同，极大地提高专业化，降低生产成本，缩短生产周期的同时改善了产品质量，在经济下行的大背景下强劲增长。他们认为产业区的发展，是依赖于大量的中小企业在柔性专业化基础上实现的集聚。这些柔性专业化的中小企业集聚区，由于区内企业的运行机制灵活，专业化程度高，企业之间的协同作用强，从而可以更容易地组织生产和适应个性化的市场需求，获得发展的优势，进而也可以与以大企业为核心的区域进行竞争。

我国对新产业区理论的探讨则起于20世纪80年代初实施改革开放政策后，由于80年代中后期江浙一带的乡镇企业集聚区开始迅速发展起来，国内的一些学者在对这些区域进行调查、研究基础上，提出了“温州模式”“苏南模式”“江浙模式”（陈建军，2000）等成功发展模式。发现这些区域的发展都是大量专业化中小企业在有限地理范围内的集聚，企业之间的分工或协作依赖于企业主或劳动者之间存在的共同社会文化背景基础。从这些特征来看，国内这些区域的发展与“第三意大利”的一些产业区初期发展的特征非常相似。随后的研究中，20世纪90年代后，我国的一些高新技术产业开发区或高新技术产业生产基地的发展，更体现了这种产业区延伸发展。

（五）竞争优势理论

波特（1990）在研究企业战略管理时发现很多国家的优势产业呈现出地理上的集聚特征，他提出了“产业集群”的概念并将这种产业上的地理集聚视为国家竞争优势的组织基础，构建“钻石模型”对影响国家竞争优势的集聚要素进行了分析。该理论认为集聚的成长需要相关产业、支柱产业、生产要素、企业战略与竞争四大因素之间的密切配合。而企业战略与竞争的时空背景，是指商业规则诱因与规范当地竞争形态和激烈程度的标准，它分为两个基本层面。一是不同形式的投资大环境要支持更复杂的竞争，以及更高层次的生产力，提高投资的竞争程度很有必要，总体竞争和政治稳定对这类投资有帮助，同时微观经济政策，如税务制度的构架、企业管理系统、影响劳动力发展诱因的劳动市场政策、知识产权规则与执行方式等，同样也扮演着重要的角色。二是影响竞争行为表现的当地政策，包括当地政府对外贸和外资的开放程度，政府所有制许可制度，反垄断政策等，都是决定当地竞争程度的关键政策。

产业集聚之所以能产生、发展，并带动地区经济发展，关键就在于它具有较强的持续竞争力。后续对产业集聚竞争优势的研究，可分为基于直接经济因素和基于间接经济因素两种。直接经济因素是指企业从集群中获取供应商和专业化的信息、公共服务以及获得有专业化技能和工作经验的雇员，从而获得竞争优势，并通过本地竞争对手和顾客需求的力量进一步加强竞争优势，微观层次的企业间由于地理接近性形成中观层次上的产业集聚，使本地化经济和外部经济得到加强，产生协同效应获得竞争优势。间接经济因素是指知识经济背景下的知识和技术要素，强调集群的竞争优势在于区域的创新能力，同时强调特定的资源和制度背景是区域产业增长或衰退的重要因素，企业间的非市场关系，如信任、习俗、文化结构和非编码化的知识极其重要，具有促进创新、鼓励企业家精神和有利于降低交易成本的作用。

（六）新经济地理学理论

新经济地理学开创者 Krugman 以收益递增为理论基础，结合 Samuelson 提出的“冰山运输成本”理论[①]，构建“中心—外围”的二区域模型，阐明了导致经济活动在空间集聚的三个主要因素，即运输成本、要素流动和规模经济之间的互动关系。Krugman 认为，产业在某个区域内的初始集聚可能是由于历史偶然因素导致的，但由于规模报酬递增这一内在经济规律的存在，使得区域的产业集聚一旦发生就能实现自我增强式的循环累积，初始集聚的优势将不断被扩大，逐渐发展为有别于“外围”的“中心”区域，实现集聚的均衡。

Krugman 将产业集聚循环累积的动因概括为两个方面：一是市场接近效应，即厂商在市场规模大的地区进行生产，实现规模经济的同时节省运输成本，最大化厂商利益；二是生活成本效应，在厂商集聚的区域由于规模经济带来的生产成本降低将引致较低的产品定价，关联厂商的原材料成本和消费者的生活成本都将降低，该区域内的生活成本会低于产品定价较高的“外围”区域。这两种效应都会对人口或资本等生产要素产生吸引流入的向心力，同时，Krugman 还提出了源于“市场拥挤效应”的区域集聚离心力——当过多的企业集中在某一区域时，可能带来更多的外部不经济因素，竞争不合作的情况也会增多，此时企业选择向竞争者较少的“外围”区域迁移将带来集聚的离心力。区域集聚向心力与离心力之间的相互作用导致了经济活动在空间上的多变性。当集聚区域对企业的离心力大于向心力时，集聚带来的收益会逐渐被拥挤效应抵消或替代，“中心—外围”的平衡将被打破，集聚区和非集聚区可能会回归到初始的匀质状态。

不同时期的产业集聚理论各有侧重：Marshall 关注作为组织表现形式的“产

① 冰山贸易成本，指如果要在其他区域出售一个单位的产品，那么必须从本地运出 τ 单位的产品（$\tau>1$），也就是说，$\tau-1$ 单位的产品在运输过程中被融化掉了。

业区”的效率问题，Weber 和 Hoover 关注工业布局和企业选址中表现出的集聚趋势，增长极理论和新工业区理论强调集聚带来的生产方式变革，Krugman 新经济地理学理论则吸收了 Marshall、Weber 等学者的研究，对集聚中心区的形成和发展作出较为系统的解释。而关于产业集聚发展的内在机理，各种理论存在着共同点，不管是 Marshall 对外部经济的阐述，还是 Weber 对产业集聚阶段的划分，再到 Krugman 的两种集聚向心力效应，都是基于规模经济的收益，具体到同质劳动力集聚、技术和知识外溢，运输成本节约，基础设施共享等方面都基本达成了共识。这些带来规模经济的因素造就了产业集聚地区的“集聚租”，使得集聚区和非集聚区的税收差异成为可能。

二、地方政府税收竞争理论

关于地方政府税收竞争的理论主要来源于西方，最早的研究始于辖区间竞争的蒂伯特模型，后续的理论以新经济地理学为界，分为标准税收竞争理论和考虑了贸易成本及集聚因素的新经济地理学税收竞争理论，以及在博弈论视角下研究地方政府税收竞争。

（一）蒂伯特模型

蒂伯特（1956）在探讨辖区竞争时将地方政府与居民的关系类比为生产者与消费者的市场关系，提供了一个税收与公共产品最优组合的思路。后续的研究者根据模型的特征将其思想归纳为“用脚投票”：居民将在大量的社区中进行选择，最终在“税收—福利”组合最满足其偏好的地区定居。财政分权体制下的各辖区政府基于对居民税源的争夺将最大限度地提高财政收支效率，以尽可能少的税收提供最优的公共服务。辖区政府通过吸引其他辖区的居民不断迁入，既可以获得更多的税收收入，增加地方公共产品的投入，提高公共服务水平，又可以提高公共产品的使用效率，通过摊平公共产品的成本，降低居民享受公共服务的平均税收价格，进而实现辖区内公共产品产出的良性循环。

为保证排他性公共物品的供给始终处于最优水平，蒂伯特模型的假设非常严格：首先，假定居民可以根据自身偏好在各辖区间自由流动，每个人都能毫无代价地搬到其公共服务最适合他的辖区，一个人的就业所在地对其居住地没有任何限制，也不会影响他的收入；其次，需要存在数量众多且能够提供不同税收和福利组合的辖区政府供居民选择，每个人都能找到满足其公共服务需要的社区；另外，还需要假定市场信息完全且充分，居民可以获取各辖区的税收和公共产品组合信息。

蒂伯特模型中的税收仅指“人头税”，模型实现均衡时每个居民支付的税收必然等于辖区提供给他的公共产品的成本。根据蒂伯特模型理论，各辖区政府基于合意的税收和公共服务组合的竞争能够实现公共产品的有效供给和居民福利的不断改善。

（二）标准税收竞争理论

标准税收竞争理论（Zodrow & Mierzkowski，1986，Wildasin，1988；Wilson，1991）的核心思想是，跨税收管辖区边界的资本流动会恶化地方政府的企业税收收入，由于资本是流动的，税收管辖区的政府有动机去降低税率以便吸引流动资本税基，最终导致“逐底竞次”（race-to-the-bottom）的税率设置行为。Oate（1972）的研究是标准税收竞争理论的基础，他强调地方政府间的竞争存在着较强的外部性，而蒂伯特的研究回避了这一点。外部性使地方政府提供公共服务的边际成本与其社会边际成本背离，即一个地方的税收价格与其提供的公共服务成本背离，蒂伯特提出的均衡将不能实现，地方政府公共服务的产出会低于最优有效产出，造成地方公共服务水平下降。如果地方政府针对流动的资本进行降低税率的竞争将导致自身财政压力增大，最终的结果是流动的资本要素获利而地方福利受损。

Zodrow 和 Mieszkowski（1986）首次将地区间的税收竞争理论模型化，分析地区间均衡税率与资本流动的反应关系，形成“标准税收竞争模型”，也称为“Z—W 模型”。他们通过劳动报酬和资本收入的相互关系构建区域居民消费私人消费品和公共产品的效用函数解释区域间要素流动与税率设置的作用机制。假设经济体内存在大量的同质区域且单个区域的行为对整个经济体不产生影响；市场完全竞争；各地区的厂商遵循新古典经济学生产函数进行生产，生产要素仅指劳动和资本，且厂商的规模报酬不变，经济体的总资本量既定且可以在各区域自由流动，而劳动力要素固定不流动；各区域间的贸易成本为零；地方政府对区域内的资本生产要素课税并对居民征收不存在扭曲效用的“人头税”。

在财政收支平衡的约束条件下，地方政府追求居民消费私人品和公共产品总效用的最大化，在地区数量足够时，资本的供给将对地区税率具有完全弹性，而资本的流入会提高地区居民的效用水平，政府具备了降低税率吸引资本流入的动力，而其他地区也会作出同样的反应。在各地方政府只竞争不合作的情况下，地方政府的税率将竞相下调，资本的流动性越强，地方制定的税率越低，与之对应的财政收支将在较低的水平上达到平衡，降税造成可用于提高公共商品的收入减少，公共服务水平降低。根据这样的竞争策略，最终的结果是各地区的资本税率都降到足够低，资本在各地区的分布不再发生改变，所有地区的税率处于次优水平，公共产品供给不足，地区福利水平下降，这就是标准税收竞争模型提出的税收的“逐底竞争”。标准税收竞争模型给出的政策启示是各区域竞相降低税率的过度竞争策略会带来效率损失，而同等地提高边际税率的地区合作能够实现各地区社会福利水平的帕累托改进。由于标准的税收竞争模型建立在资本流动的基础上，而随着经济一体化程度的加深，包括资本在内的要素的流动性也会大大加深，按照标准税收竞争的逻辑，地区之间的税收竞争会更加激烈。

（三）新经济地理学分析框架下的税收竞争理论

无论是蒂伯特模型还是标准税收竞争模型都建立在类似的严格假设之上，如资本要素自由流动、市场完全竞争、区域数量众多且同质以及规模报酬不变和区域间贸易成本为零等。这些理想化的假设条件降低了理论对实际经济运行的解释力。而新经济地理学框架下的税收竞争理论着重考虑了标准税收竞争理论回避的地区贸易成本因素和规模报酬递增规律，对集聚条件不同质区域间的税收竞争行为进行了研究。

按照标准税收竞争理论的逻辑，税率上调对资本流入有负向影响，地方政府为获得更高的居民效用将竞相降低税率，形成税收“逐底竞争”。但新经济地理学的观点是考虑地区集聚因素后，情况将会发生变化：随着经济一体化的发展，地区间贸易成本下降，生产要素的流动由于集聚的发生变得不再连续和渐进，经济活动将由原本的同质化发展转变为大小不一的块状分布状态，此时传统的“逐底”税收竞争对要素流动的作用将会减弱。当然，这种弱化效应的发生基于地区间贸易成本下降的程度。当地区间贸易成本处于较高水平时，经济活动的大量集聚不具备效率，因为集聚带来的收益被地区间高昂的贸易成本稀释了，企业在选址时首要考虑贸易成本，会尽可能靠近原材料产地或产品消费市场，经济体中的各区域呈现出对称均衡的状态，此时各区域的税收竞争策略类似于标准税收竞争模型的"逐底竞争"。但这种对称的均衡仅处于经济一体化初级阶段，随着贸易成本的下降很快会被打破。生产要素基于偶然因素在一定空间内形成的集中将循环累积成强大的"集聚力"，使经济体中出现明显的"中心—外围"式经济分区。经济活动集聚在中心区域，规模效应带来的超额收益对中心区的生产要素产生锁定效应，即"集聚租"效应。此时，不同地区竞争生产要素的税收策略将发生改变，中心区和外围区的税收博弈不再"竞次"地下调税率，而有可能转变为自发的税率上调。中心区基于锁定效应的优势在临界点以下对"集聚租"征税，保证税率提高的同时生产要素不外流；外围区则参照中心区的税率制定差异化的税收策略，可能会放弃与中心区争夺生产要素，不再降低税率而选择自身的最优均衡税率。

新经济地理学框架下的税收竞争理论强调市场一体化的作用，所得到的一般性结论是：集聚租金与市场一体化之间变为倒 U 形关系（Baldwin and Krugman，2004）①，即集聚租金随着市场一体化水平的不断提高先扩大后缩小（Borck and Pfluger，2006）②。市场一体化程度相对过低或过高时，经济集聚所能产生的集聚租相对有限，从而制约了地方政府对"集聚租"进行征税；当一体化处于中位水平时，可征税的集聚租金逐步增加，提高了地方政府对其进行征税的动机，从而缓解税收竞争强度，可能导致"竞争到顶"的结果。新经济地理学的理论框架考虑了新古典经济理论所刻意回避的规模报酬递增和贸易成本等因素，其视角下的税收竞争模型相较于传统税收竞争理论模型也体现出了更强的解释力。

（四）基于博弈论视角的地方政府税收竞争理论

博弈论视角下分析地方政府税收竞争，主要是基于地方政府各自追求自身

① Baldwin R. E.，Krugman P. Agglomeration，integration and tax harmonisation［J］. European Economic Review，2004，48（1）：1－23.

② Borck R.，Michael Pflüger. Agglomeration and tax competition［J］. Iza Discussion Papers，2006，50（3）：647－668.

利益，利用各种税收优惠政策吸引资源的现实，这是一种非合作博弈。当地方政府之间存在竞争时，一个努力程度高的政府必然会掠夺其他地方政府的资源，为了争取到资源，其他地方政府必须更加努力才能竞争到新的资源。竞争出现时，地方政府的决策可能同时进行，也可能有先后顺序。当有先后顺序时，一个地方政府的政策对另一个地方政府政策产生影响，如果两个政府都按同样的努力程度进行，从而竞争会越激烈，甚至可能会出现恶性竞争。但当竞争激烈到一定程度后，需要付出更多更大的努力或付出的代价太大后，地方政府才能竞争到相应的资源时，先行动的地方政府可能会选择放弃竞争，即恶性竞争不一定会出现。因此，在决策有先后顺序的情况下，地方政府之间的竞争开始会比较激烈，但是随着竞争程度的加剧，为了获得资源付出代价太高，先发展起来的地方政府放弃竞争时，也会存在税收刚性的可能，最终地方政府的税收竞争极有可能是逐底竞争，也有可能是税收刚性。但在同时行动时，同步进行的两个地方政府之间的竞争会越来越激烈，更容易出现恶性竞争即“逐底竞争”的趋势。

基于博弈论视角来研究地方政府税收竞争，目前诸多专家学者从不同角度及假设条件进行了探讨。Keen 和 Konrad（2012）主要是通过在不考虑集聚租金的标准税收竞争上，运用博弈论的框架讨论税收竞争中的动态方面和承诺问题，考虑两个不同规模国家之间的无限期税收博弈。[①] 他们的研究表明，如果企业的流动性很高并且未来的收益很重要，那么较小的国家将长期失去所有企业，没有承诺的政府将成为外围的结果。Kato（2015）认为基于“新经济地理”框架下的税收竞争文献主要是静态分析，不足以解释当前政府间的税收竞争[②]。因此，Kato 构建一个无限期动态博弈模型分析了贸易成本、政府政策可信度等因素在对政府间税收竞争的影响。在这项研究中，两个政府之间的动态竞争是通过选择税收和补贴来吸引企业投资。模型的结果显示政府对其政策的承诺对于长期内企业的分布至关重要，税收竞争的结果根据承诺是否可能而发生显著变化：充分承诺的税收竞争导致企业的核心—外围配置发生变化，当交易成本足够低时，企业加强集聚从而提供充足的税基；没有承诺的税收竞争可能导致企

① Keen M., Konrad K. A. International Tax Competition and Coordination [J]. Max Planck Institute for Tax Law and Public Finance Working Paper, 2012 (6): 84.

② Kato H. The Importance of Government Commitment in Attracting Firms: A Dynamic Analysis of Tax Competition in an Agglomeration Economy [J]. European Economic Review, 2015 (74): 57-78.

业的分散配置，即使贸易成本很低，集聚效益很大。与完全承诺的情况相比，政府有更多的激励措施来提高它们的税率，因为它们知道企业提高自己税率的损失会因另一方的反应（即税收增加）而部分减少。两个政府可以设定较高的税率，同时均匀分享公司，因而分散的模式可能比核心地位更受欢迎。

就某项政策而言，一个地方政府首先行动，很容易刺激其他地方政府发展，并且可能比假设国家在所有年份处于纳什均衡状态更为现实。例如在税收政策领域方面，美国1986年颁布的税收改革法案，主要通过减息的方式扩大改革，随后在20世纪80年代末和90年代初许多经合组织国家进行了类似的税收改革。大多数研究，如Devereux，Lockwood和Redoano（2008）都进一步假设各国同时相互作用，并且每年都处于纳什均衡状态[①]。

第三节　产业集聚影响地方政府税收竞争的机制分析

遵循新经济地理学的逻辑考察产业集聚对地方政府税收竞争的影响，因此，对产业集聚影响地方政府税收竞争的机制分析时，主要从新经济地理学中分散均衡与集聚均衡两种均衡状态下的地方政府税收竞争策略展开分析。

一、分散均衡状态下的地方政府税收竞争策略

新经济地理学将经济系统简化为一个两地区模型进行分析。所谓分散均衡，是指在经济一体化的初级阶段，地区间贸易成本较高，形成强大的分散力。相对而言，集聚力较弱，两地区在各方面的条件都严格对称。此时，如果两地区税率相等，则生产要素在两地区间没有流动的动力；如果一个地区在另一地区税率保持不变的情况下下调自己的税率，则本地区的要素税收回报率将会增加，

① Devereux M. P.，Lockwood B.，Redoano M. Do Countries Compete Over Corporate Tax Rates?［J］. Journal of Public Economics，2008，92（5－6）：1210－1235.

高于未进行税率调整的地区，基于地区间贸易成本较高的考虑，会有一部分迁移成本低于回报率差异的生产要素从税率不变的地区流动到税率较低的区域。若在极端情况下，地区间贸易成本为零，不考虑生产要素的迁移成本，则生产要素对于税率变动的反应将趋向无穷大，此时，一个地区税率的调整可能导致生产要素的全部流动。在新经济地理学分散均衡的地区结构下，税率变动会影响生产要素的税后收益从而作用于要素在地区间的流动，而较高的贸易成本会对这种流动起到制约作用。

在分散均衡的地区结构状态下，影响生产要素在地区间流动的主要因素是贸易成本，可以理解为放松了贸易成本假设的标准税收竞争模型。此时竞争的主动一方若想以税率下调的方式影响要素流动，下调的幅度要在覆盖迁出带来的贸易成本之后还能保证要素迁出后的税后回报率高于原地区，若再加入较弱的原地区的集聚因素，下调的程度还需要能够克服原地区集聚力的阻碍，一共三层成本，新经济地理学分散均衡状态下选择调减税率的地方政府将让渡高于标准税收竞争模型的税收才能吸引要素的流入。这种税收竞争策略类似于标准税收竞争模型中的结论，仍是竞次的“逐底竞争”，且程度更为激烈。

根据学术界的观点，有关分散均衡下税收竞争的基本结论包括：Baldwin和Forslid（2002）在分散均衡条件下有关地区间均衡税率的结论类似于传统税收竞争的结论①。无论是出自资本创造模型还是自由企业家模型的研究都指出，由于人口或资本的流动性，地区间的税收竞争将导致均衡时的税率低于社会最优税率。Andersson和Forslid（2003）认为集聚效应将会加剧对称性地区间的税收竞争②。当贸易成本下降或集聚力增强时，税收竞争将更加激烈，均衡税率进一步下降。当贸易成本降至零时，均衡税率亦趋近于零。这时，提高税率的作用类似降低贸易成本，原来的分散均衡将会被打破；但是如果用提高对非流动要素的征税来替代对流动要素税率的提高，则可以稳定现有的产业布局，且可以减弱贸易成本下降带来的扰动。Fernandez（2005）认为对称性的区间的税收竞争将导致公共产品供给不足；在地区人口份额相同的对称性均衡

① Baldwin R. E., Forslid R. Tax Competition and the Nature of Capital [R]. Cepr Discussion Papers, 2002.

② Andersson F., Forslid R. Tax Competition and Economic Geography [J]. Journal of Public Economic Theory, 2003, 5 (2): 279-303.

下，公共产品存在供给不足问题，且集聚效应会加剧供给不足的问题；地区间税收协调可以实现帕累托改进[①]。当贸易成本降低，地区间贸易变得更加自由时，地区进行税收合作提高税率可以改善各自的福利状况。

二、集聚均衡状态下的地方政府税收竞争策略

由于经济系统的长期均衡状态及其稳定性取决于集聚力与分散力相互较量的最终结果，两者力量的强弱随着交易成本而变化，当集聚力在某个临界点超越分散力时，经济活动变成完全的集聚状态，经济系统实现核心—边缘稳定均衡。因此理论界对集聚均衡状态下的地方政府税收竞争策略的研究，主要从倒U形集聚租和“中心区”与“边缘区”的税收博弈两个方面展开分析。

（一）倒U形的“集聚租”

集聚均衡状态即新经济地理学著名的“中心—外围”两区域模型。随着经济一体化的推进，区际贸易成本不断降低，地区间的分散力减小，集聚力超过分散力成为主导，经济体中的生产要素和经济活动向中心区集聚，规模效应凸显，使得中心区生产要素的税后收益率显著高于边缘区。新经济地理学研究者将这种中心区对边缘区的绝对优势定义为“集聚租”，它可以用来衡量集聚均衡状态下中心区生产要素迁移到边缘区所需承担的损失。显然，“集聚租”对中心区的流动性生产要素产生了“锁定效应”，生产要素为了避免迁出的损失将长期集聚在中心区域，只要外围区税率下调的幅度不超过中心区“集聚租”的临界值，要素就没有调整区位的动力。

根据新经济地理学产业集聚的两方面动因——市场接近效应和生活成本效应可知，产业集聚是一个循环累积的过程，随着产业集聚的推进，两种效应的作用力将逐渐增强，相应地，中心区内的生产要素获得的高于边缘区的税后收益会随之增大；而产业集聚的反作用力——市场拥挤效应带来的不经济因素，如环境污染、土地价格暴涨、交通拥堵等将在产业集聚成熟后期逐渐出现。市

① Fernandez G. E. A Note on Tax Competition in the Presence of Agglomeration Economies［J］. Regional Science and Urban Economics, 2005, 35 (6): 837-847.

场拥挤效应出现之后，市场接近效应和生活成本效应的收益将被稀释，中心区与边缘区的税后收益差距逐渐缩小，直至消失。因此，中心区的“集聚租”呈现出倒U形的发展趋势，在产业集聚成长期单调递增，在产业集聚的成熟期递减。图1－1给出了“集聚租”的变化趋势，横轴表示产业集聚的发展程度，纵轴表示中心区生产要素与边缘区生产要素税后收益的差额，即“集聚租”的大小，M点可以理解为地区产业集聚发展完全充分的时点，M点之前产业集聚在持续推进，集聚带来市场接近效应和生活成本效应；M点之后，市场拥挤效应出现。理论上，当中心区的“集聚租”完全消失时，“中心—外围”的集聚均衡状态就会被打破，要素在两地区重新流动，经济体回到初期的分散均衡状态。

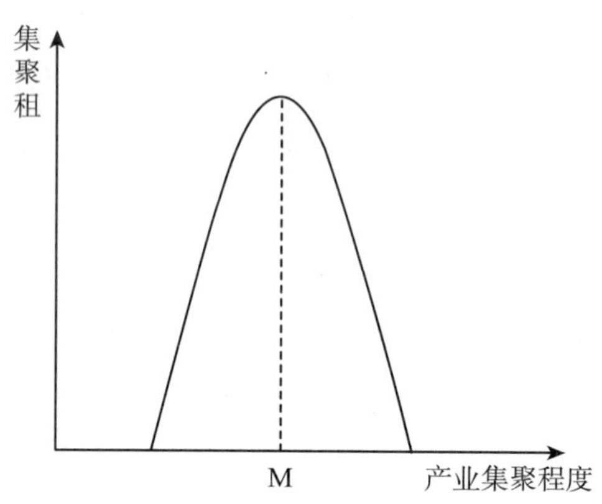

图1－1　倒U形的“集聚租”

（二）“中心区”与“边缘区”的税收博弈

集聚均衡状态下的两地区的税收竞争策略可以简化为三个阶段来分析。基于中心区具备“集聚租”的优势，中心区在税收竞争中占据主动权，第一阶段，由中心区先设定税率；第二阶段，边缘区根据中心区设定的税率制定反应策略；第三阶段，是两地区税率作用于生产要素。三阶段的税收行为不断重复即形成地区间多阶段的税收博弈模型。

由于税收博弈被双方提前预知，中心区和边缘区在制定本地区税率时将考虑对方的税率水平。中心区在博弈中处于先手，在制定策略时需要预测边缘区的税率反应行为；边缘区具备后发优势，可以在中心区税率既定的情况下考虑自身的应对策略。“集聚租”的存在为两地区的税率差异提供了可能，中心区可以制定一个始终高于边缘区的税率，同时保证生产要素不会发生迁移，关键问题在于高的程度。当边缘区税率既定，记为 t_2 的情况下，中心区制定税率 t_1，当"集聚租"为 r 时，有 $t_2 \leqslant t_1 \leqslant r + t_2$。中心区的税率始终可以高于边缘区，但有一个理论上的取值范围。考虑两种极端情况：当 $t_1 = t_2$ 时，中心区内的生产要素获得完全的"集聚租"，较边缘区生产要素多获得 r 的边际收益，中心区的集聚地位难以撼动，只有边缘区单方面将税率降低到低于 $t_2 - r$ 水平时，才能改变经济体"中心—外围"的均衡状态。当 $t_1 = r + t_2$ 时，中心区的生产要素由于集聚获得的"集聚租"将通过税收全部转移到政府手中，边缘区与中心区的税后收益相等，此时若边缘区单方面下调税率，在贸易成本极度小，且不考虑迁移成本的条件下，只需要微小的下调就会引发中心区生产要素的流出，中心区和边缘区的集聚地位将发生互换，边缘区变为新的中心区，经济体"中心—外围"的均衡重新稳定。类似地，考虑 t_1 在 t_2 和 $r + t_2$ 之间变动的情况，边缘区改变自身在经济体中的地位，成为新的中心区的关键在于降税的幅度与中心区"集聚租"的大小的相对关系。边缘区降税的幅度大于"集聚租"时，相当于以政府收入补贴了生产要素从中心区迁出的损失；降税的幅度小于"集聚租"时，中心区内的生产要素与边缘区相比仍具备正的边际收益差异，不具备迁出的动力，边缘区的经济地位不会发生改变，反而白白损失了税收收入，因此不能保证降税幅度大于"集聚租"时，边缘区更优的选择是不与中心区进行税率竞争，而是选择自身的最优均衡税率。

因此，当第一阶段中心区制定了税率 t_1 后，第二阶段参与博弈的外围区有两种选择：一是降低税率，且降税的幅度超过中心区当下的"集聚租"，使自己成为新的中心区，改变自身的经济地位；二是不参与对中心区集聚经济地区的争夺，选择自身的均衡税率，该税率高于税收"逐底竞争"时的税率水平，在博弈初期达到外围区的均衡税率之前将表现为外围区税率的上升。基于外围区在第二阶段不选择降税竞争策略的可能，与标准税收竞争理论的情况对比，两地区的税率都表现为上升趋势，中心区是基于对"集聚租"征税的税率上调，外围区是放弃对流动要素的争夺转而寻求地区均衡税率的上升。这就出现了所谓新经济地理学税收竞争理论的税收"逐顶竞争"情况。进一步考虑，由于集聚因素带来"集聚租"的影响，中心区的税率上升速度会高于边缘区寻求地区均衡税率试错性行为中税率微幅上调的速度。

结合“集聚租”在产业集聚不同阶段呈现出的倒 U 形发展趋势，边缘区在税收博弈第二阶段选择降税竞争策略时降税幅度的有效临界点与“集聚租”的发展趋势是重合的。若中心区的税率保持不变，边缘区要想通过税率竞争成为中心区，其降税的幅度随着产业集聚的推进，先增加再减小。产业集聚发展最充分的时候，需要的降税幅度最大；当集聚发展足够充分之后，两地区的要素税后收益率差距缩小，边缘区进行竞争时需要让渡的税收收入也逐渐变少。因此，在产业集聚发展的两端，即在倒 U 形曲线的两侧，边缘区进行降税竞争策略付出的代价相对小，而在产业集聚深入推进的时期进行降税的代价较大。而中心区也深知这一点，也会基于对边缘区税收竞争策略的预设制定自身的税收策略以保证自身的中心区地位长期稳固。中心区会根据集聚租的大小调整税率，在产业集聚初期，“集聚租”较小，中心区设定较低的税率，略微高于边缘区甚至为了保持自身的集聚优势，锁定生产要素，将税率设定的和边缘区一样高，增加边缘区降税的财政压力；随着产业集聚的推进，中心区将逐步提高税率，提高的幅度可能低于“集聚租”的增长幅度，以防止边缘区降税争夺集聚优势。而基于地区财政收支平衡的约束和追求居民效用最大的需求函数，边缘区能够承担的降税幅度是有限的，当边缘区发现降税进行中心区经济地位竞争带来的效用低于寻求均衡税率的效用时就会放弃降税策略，寻求地区均衡税率，从公共产品产出效率等方面增加地区福利。而中心区的税率在“集聚租”倒 U 形拐点之后将逐渐降低；当“集聚租”完全消失时，中心区和边缘区将再次变为同质，经济体回归分散均衡的状态，开始类似于标准税收竞争理论下的“逐底竞争”，直至经济体出现新的集聚因素，再次向“逐顶竞争”方向发展。

图 1 – 2 给出了“中心—外围”集聚均衡地区结构下两地区的“逐顶竞争”的税收博弈示意，横轴表示产业集聚的发展程度，纵轴表示两地区的税率水平。其中 P 点对应图 1 – 1 中的 M 点状态。B 点之前和 E 点之后都将处于分散均衡的地区状态。

我国产业集聚的快速发展起始于改革开放初期东部沿海经济开发区先行的“不均衡发展战略”，符合新经济地理学中外来扰动因素带来集聚原动力并不断循环累积的假说。另外，目前我国地区之间已经出现了较为明显的集聚趋势，“中心—外围”式的地区均衡结构可粗略对应到我国东部地区和广大中西部地区的现实发展状态，故新经济地理学的税收竞争理论在我国具有较强的适用性。通过新经济地理学中产业集聚带来税收竞争差异的理论考察现阶段我国产业集

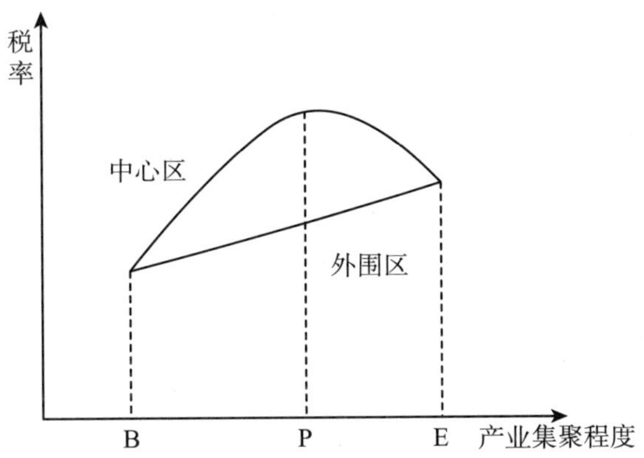

图1-2　“中心区”与“外围区”的税率变化情况

聚对地方政府税收竞争的影响，在产业集聚已初具规模的情况下，理论上我国地方政府理想的税收竞争策略应当是脱离竞相降税以吸引生产要素流入的税收“逐底”竞争状态，向新经济地理学中集聚均衡状态下地方政府对“集聚租”征税的税收竞争策略转变。

根据国外早期的研究，有关集聚均衡下税收竞争的基本结论有：

（1）Ludema R. D.，Wooton I.（2000）①，Kind H. J. 和 Knarvik K. H. M.（2000）②，Andersson F. 和 Forslid R.（2003）③ 认为当经济出现中心—边缘的集聚均衡时，强大集聚力对要素的流动产生一定的控制力，这时税率的边际变动不会对流动要素的地域选择产生影响，均衡时核心区的税率实质上等于边缘区的税率加上“集聚租”。

（2）Forslid R.（2005）④，Borck R. 和 Pflüger M.（2006）⑤ 认为经济一体化过程中两地区的税收差异取决于“集聚租”的大小。由于“集聚租”是经济一体化水平的倒 U 形函数，税收缺口会随着经济一体化程度不断上升，到达一个临界点后再逐步下降。倒 U 形的“集聚租”决定了地区间税收差异也表现为倒 U 形。在经济一体化的初级阶段，随着贸易自由度不断提高，“集聚租”不断上

① Ludema R. D.，Wooton I. Economic Geography and the Fiscal Effects of Regional Integration [J]. Journal of International Economics，2000，52（2）：331-357.

② Kind H. J.，Knarvik K. H. M.，Schjelderup G. Competing for Capital in A “Lumpy” World [J]. Journal of Public Economics，2000，78（3）：253-274.

③ Andersson F.，Forslid R. Tax Competition and Economic Geography [J]. Journal of Public Economic Theory，2003，5（2）：279-303.

④ Forslid R. Economic Geography and Public Policy [M]. New Jersey，USA：Princeton University Press，2005.

⑤ Borck R.，Pflüger M. Agglomeration and Tax Competition [J]. European Economic Review，2006，50（3）：647-668.

升，两地区税率都在提高，然而核心区税率提高的速度快于边缘区下降的速度，形成税率的“逐顶竞争”局面，税收差异不断扩大；当经济实现高度一体化后，“集聚租”到最大值后开始下降，两地区的税率也随之下降，但是核心区税率下降的速度要快于边缘区税率下降的速度，形成税率的“逐底竞争”局面，税收差异不断缩小。

（3） Kind H.J.，Knarvik K.H.M.（2000）①，Andersson F.，Forslid R.（2003）②，Baldwin R.E.，Krugman P.（2004）③ 认为在经济尚未实现高度一体化之前，“集聚租”会减弱税收对要素流动的吸引力，集聚效应能一定程度上缓解地区间的税收竞争。核心区由于规模经济的存在，能够实现比边缘区更高的税前利润，因而提高对流动要素的征税也不会导致要素的流出。这时，边缘区一定范围内的降税非但不能吸引要素的流入，反而会造成自身福利的损失，因而会选择较高的税率水平实现效用的最大化。Borck 和 Pflüger（2006）④ 的研究也指出，经济的高度一体化在导致向下竞争之前首先会导致向上竞争，即各地区会提高税率水平。

（4） Andersson F.，Forslid R.（2003）⑤ 和 Fernandez G.E.（2005）⑥ 认为在集聚均衡下，资本净流入地区的政府由于能够利用“集聚租”增加税收收入，当税收收入全部被用于生产公共产品时，会造成公共产品的供给过度；在资本净流出地区，则会存在公共品供给不足的情况；另外，集聚区公共产品供给的规模经济会产生另一种集聚力，流动要素对公共产品的偏好越强，集聚力会越大，进而给集聚区带来更大的税率选择空间。

（5） Baldwin R.E. 和 Krugman P.（2004）⑦认为核心区和边缘区分别在不同的税率水平下才能实现均衡，任何试图规定所有地区都必须接受统一税率的制度安排不会带来帕累托改善，反而会使得至少一个地区的福利水平受损。

---

① Kind H.J.，Knarvik K.H.M.，Schjelderup G. Competing for Capital in A “Lumpy” World [J]. Journal of Public Economics，2000，78（3）：253-274.

② Andersson F.，Forslid R. Tax Competition and Economic Geography [J]. Journal of Public Economic Theory，2003，5（2）：279-303.

③⑦ Baldwin R.E.，Krugman P. Agglomeration，Integration and Tax Harmonisation [J]. European Economic Review，2004，48（1）：1-23.

④ Borck R.，Pflüger M. Agglomeration and Tax Competition [J]. European Economic Review，2006，50（3）：647-668.

⑤ Andersson F.，Forslid R. Tax Competition and Economic Geography [J]. Journal of Public Economic Theory，2003，5（2）：279-303.

⑥ Fernandez G.E. A Note on Tax Competition in the Presence of Agglomeration Economies [J]. Regional Science and Urban Economics，2005，35（6）：837-847.

三、产业集聚与地方政府税收竞争的关系——基于中国实践视角

Baldwin 和 Krugman（2004）模型是新经济地理框架下研究国与国之间税收竞争问题的经典模型①，由于我国经济的空间分布类似于“中心—边缘”模式，本书将该模型推广应用到我国地方政府间税收竞争的分析之中。为简化分析，假设我国经济由两个对称的地区东部（1）和西部（2）组成，每个地区拥有农业部门（A）和制造业部门（M）两个部门，资本（K）和劳动力（L）两种生产要素。资本随着企业家的区位选择行为可以自由流动，而劳动力由于户籍限制、地理文化等障碍不能自由流动。地区之间拥有一致的偏好和技术，但是税率可以不同。农业部门（A）在完全竞争的市场里，按照报酬不变的技术生产同质的商品，劳动力是农业部门唯一的生产要素；制造业部门（M）在垄断竞争的市场里照报酬递增的技术、使用两种生产要素生产差异化的商品，其中，资本是固定成本，劳动力是唯一的可变投入，π 是资本的报酬。在新经济地理框架内，运输成本与产业活动集聚紧密相关。φ 是贸易自由度的符号，用来衡量开放程度，随着 φ 由 0 提高到 1，即贸易变得更加自由。真实的经济结构存在两种可能的均衡：即对称均衡和中心外围结构。由于资本总是向能够给它们提供最高的税后真实回报的地区迁移。集聚租金的内涵是资本（K）在某一地区布局能获得比在其他地区更多的好处，或者是获得更高的真实回报，而按照新经济地理学的观点，资本的真实回报取决于当地的物价指数，集聚租金可以用一个相对真实的回报率来表示：

$$\Omega_C = \left.\frac{\pi/P}{\pi^*/P^*}\right|_{\lambda=1} = \frac{\varphi^{1-\alpha}}{1-(1-\varphi^2)(1+b)/2} \tag{1-1}$$

假定最初东部和西部之间是一个对称结构，且二者之间由于自然地理障碍、文化障碍、制度障碍等原因，贸易最开始并不活跃，由于历史的变迁，东部地区获得了政策优惠而吸引要素流入，导致东部地区消费市场规模的扩大，为了竞争这些消费者对差异化产品的支出份额，更多的差异化产品将进入东部生产，当交通运输技术进步，地区之间障碍得到某种程度的克服，运输成本下降，贸

① 论文信息见参考文献［61］

易自由化程度加深，要素由西部向东部迁移会形成一种力量，并修正最初的对称结构。东部多样化产品的生产份额提高，在运输成本的下降和消费者多样性偏好的综合作用下，会降低东部的物价指数，使东部对流动要素更有吸引力。在对称结构中，产业从小的西部地区向东部地区迁移会降低 P，随着消费者在制造业产品 M 上支出的份额 μ 增加以及边际营业利润提高，这种不稳定的力量会越来越强，在内部市场效应作用下，流动要素向东部市场的迁移使得东部市场规模更大，反过来会使得东部地区在吸引资本方面更具优势，随着贸易自由化加深，这种效应越强。对称结构只有在贸易充分封闭的情况下才能稳定。而就中国国内地区之间而言，贸易完全封闭是不可能的。

地区之间不存在贸易时，也就无所谓产业活动的集聚，因为企业理想的空间布局是尽可能靠近每个消费者，而不可能在某一个位置上实现对所有地区的服务，从而也就无所谓集聚租金；当贸易完全自由时（$p=1$），集聚租金为 1，东部和西部的资本获得的真实回报率是相等的，地理位置不再是重要的，集聚也没有必要性。集聚力量对税收政策影响，在本模型中，资本的真实回报包含了集聚租金，位于东部地区的企业对于地理位置不是中性的，它们严格的偏好于东部地区，为了获得东部的中心区位愿意承担高的税负。在东部地区，由于贸易成本较低，产业活动倾向于在东部集聚，即位于东部的企业获得的集聚租金上升，集聚租金给地方政府提供了向流动要素征税的机会，在现实的经济中，地区之间贸易自由度位于 0 ~ 1 之间，东部获得正的集聚租金，并将资本锁定在东部，这样一来就有可能对地区间流动资本的征税提高到一定程度而不用担心资本的流出。在新经济地理框架下，拥有产业集聚的地方政府参与税收竞争的策略将发生改变。

进一步，可以用该思想分析中国产业集聚、地方政府税收竞争与税率三者之间的关系。一般而言，每一个政府都要努力增加税收收入并降低税率。考虑东西部地方政府之间在税收政策上相互影响，本书构建一个假定东部政府的目标函数是关于税率的开口向下的二次函数公式（1 - 2），以此分析产业集聚、地方政府税收竞争与税率之间的关系。

$$S_1 = S[G_1, t_1] = G_1 - \frac{t_1^2}{2}, S_G > 0, G_1 = t_1 Y_1 = t_1(L_1 + \pi_1 K_1) \quad (1-2)$$

西部政府的目标函数为 $S_2 = G_2 - (t_2)^2/2$，G 代表税收收入，t 代表税率，S 是关于 t 的凸函数。

本书主要考虑产业已经集聚在东部的情形，也即假定意味着西部地区一开始没有产业集聚。东部地区和西部地区之间在税收政策上相互影响，假定东部地区（中心地区）率先设置了初始的税率 t_1，然后西部地区政府跟随东部地区政府设置了税率 t_2，如果西部政府选择了一个足够高的税率，就没有产业或企业家会从东部地区迁移到西部地区；相反，如果西部地区政府选择一个足够低的税率来吸引所有的产业，也就是来争夺东部的中心地位，西部地区政府存在一个税率的临界值 t^*，西部地区税率等于临界值时，在其他企业都已经位于东部地区的情况下，东部地区的企业选择向西部地区的迁移或者不迁移都是无差异的，由于东部是中心地，东部地区的企业决定前往西部地区的一个重要条件是其在西部地区获得的税后回报等于在东部地区获得净集聚租金，即 $(1-t_2^*)=\Omega_C(1-t_1)$，西部地区政府的临界点税率直接取决于 t 和 Ω_c，与东部地区税率 t_1 同向变动，与集聚租金 Ω_c 反向变动。当集聚租金大于 1 时，即资本在东部地区能获得更多的好处时，从而有 $t_2^*<t_1$，即西部地区的临界税率和东部地区的税率之间存在差距，获得集聚租金的东部地区可以设置一个更高的税率。从策略的角度看，当最初始税率由东部地区政府给定时，西部地区政府的最优税率选择分为两种情况：当经济活动的分布规律没有改变，即东部地区仍然是中心区，西部地区想要获得中心区位，首先西部地区的税率 t_2 不能超过 t_2^*，一旦超过，产业仍然会集聚在东部地区，而 t_2^* 取决于东部地区政府首先设定的税率 t_1，并且是同向变动的，当东部地区政府在先行策略中设置了一个非常低的税率，西部地区政府会发现，为了夺取核心区位将税率设置到更低的水平是不划算的。同时，东部地区政府知道其税率设置行为会对西部地区政府随后的行动产生影响，这样一来东部地区政府就会在第一阶段设置一个税率，使得西部地区政府试图夺取中心区位的行为是不值得的。由此可见，由于产业集聚，中心地区（东部地区）和外围地区（西部地区）之间的税收竞争策略不同，中心地区可以保持一个相对较高的税率。

本章小结

本章首先对产业集聚、税收竞争和“集聚租”的概念和内涵进行界定，阐明本书的研究对象和范围。其次回溯产业集聚与税收竞争的理论发展脉络，对产业集聚理论、税收竞争理论和新经济学理论进行梳理。最后从新经济地理学中分散均衡与集聚均衡两种均衡状态下的地方政府税收竞争策略展开分析，阐述产业集聚影响地方政府税收竞争的理论依据和作用机制。结合理论分析与我国经济发展实际情况可知，目前我国地区之间已经出现了较为明显的集聚趋势，“中心—外围”式的地区均衡结构可粗略对应到我国东部地区和广大中西部地区的现实发展状态，故新经济地理学的税收竞争理论在我国具有较强的适用性，可以依据新经济地理学中产业集聚带来税收竞争差异的理论考察当下我国产业集聚对地方政府税收竞争的影响。

第二章
中国产业集聚与地方政府税收竞争的现状分析

第一节　中国产业集聚的衡量指标与现状分析

一、我国产业集聚现状的基本描述

我国的产业集聚现象在改革开放之后加速发展，中西部地区的生产要素基于东部沿海地区较高的对外开放程度和大量的税收优惠政策快速向东部沿海地区集中，在全国层面上形成了类似于新经济地理学理论“中心—外围”地区结构的经济分区。

首先，从地区的经济总量层面粗略考察我国的产业集聚情况。根据中经网统计数据库的划分方法①，将我国划分为东、中、西三个经济地理区域，如表2－1所示，从区域GDP总量指标来看，1978年开始，东部地区的经济总产出就远高于中西部地区。此外，图2－1给出了我国东、中、西部地区1978～2016年部分年份GDP总量占全国总GDP比重的变化趋势，东部地区GDP占全国的比重始终在50%以上，远高于中西部地区，且该比重在2005年之前不断攀升，虽然2005年之后出现了小幅下滑，但总体增长趋势明显。东部地区GDP比重在2005年之后出现下滑主要和国家的“西部大开发”“振兴东北老工业基地”和“中部崛起”等区域发展战略有关。尽管我国已经在不同层面都作出了协调区域发展的努力，但经济活动高度集中于东部地区的事实未发生改变，占国土面积约12%的东部地区创造了全国50%以上的经济产出，而占国土面积近70%的西部地区只创造了全国20%的产出，东、中、西部内部的产业集聚情况也不尽相同，根据近年来兴起的“城市圈”或“城市群”概念②，可以作更详细的划分，如

① 中经网对我国经济地理分区结果如下：东部地区包括北京、河北、天津、辽宁、上海、江苏、浙江、广东、山东、福建；中部地区包括山西、吉林、黑龙江、安徽、江西、河南、湖北、湖南；西部地区包括内蒙古、新疆、甘肃、青海、宁夏、陕西、四川、重庆、贵州、广西和云南。

② “城市圈”由法国地理学家Gottman最早提出，用以概括一些国家出现的大城市群现象。“城市群”是指在特定地域范围内，以一两个特大城市为核心，由至少三个或以上的大城市为构成单元，依托发达的交通通信等基础设施网络所形成的空间组织紧凑、经济联系紧密、并最终实现高度同城化和高度一体化的城市群体。

京津冀城市圈、长三角经济带、辽中南经济带以及中原经济区等都呈现出产业和经济的高度集聚态势。

表 2－1　1978～2016 年中国东、中、西部地区 GDP 总量指标　单位：亿元

地区	1978 年	1988 年	1998 年	2000 年	2005 年	2010 年	2016 年
东部地区	1727.15	7535.97	46669.89	56903.78	117076.30	248423.44	428380.14
中部地区	1006.65	4069.82	20805.71	23932.09	46362.79	105145.56	190808.46
西部地区	714.90	2801.00	14548.93	16665.67	33296.18	80901.03	155676.76

资料来源：中国统计年鉴（1979～2017）。

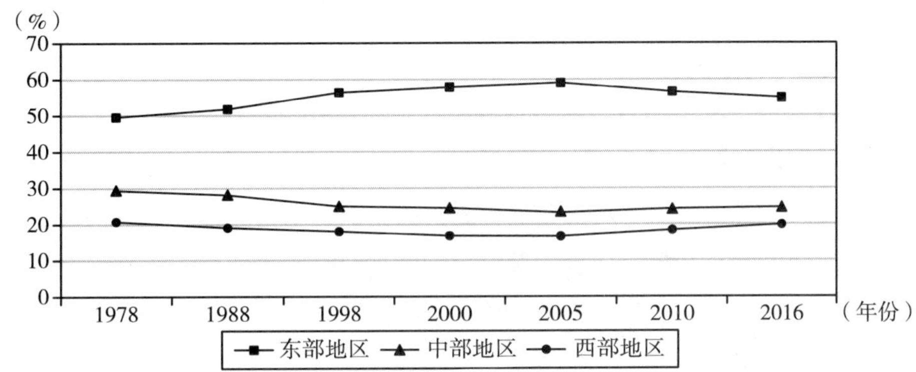

图 2－1　我国 1978～2016 年东、中、西部地区 GDP 占全国总 GDP 的比重

资料来源：根据中国统计年鉴（1979～2017）计算得到。

从地区专业化分工的层面看，我国很多地区相继形成了多样化的优势产业，较著名的如山西的煤炭采选业、湖南的运输设备制造业，河南的食品加工业，广东的服装制造业、温州的皮革制造业以及义乌小商品批发业等。

从产业带的层面看，我国在地形上存在西高东低的趋势，产业分布依据三大阶梯走势沿大江大河和交通干线集聚，在全国范围内形成了横向和纵向交错分布的产业带格局。横向产业带中规模较大的有长江沿江产业带，沿黄河产业带、浙赣—湘黔铁路产业带。其中，长江产业带位于我国的中部地区，横贯东西，产业带内经济发达，人口稠密，在上、中、下游分别以重庆、武汉、上海为核心形成三个产业密集地段；沿黄河经济带内能源和矿产资源丰富，是我国著名的有色金属长廊，生产潜力较大；而浙赣—湘黔铁路产业带沿线连接起一系列具备特殊产业优势的中小城市。纵向产业带主要是沿海产业带、京广铁路产业带和兰新—北疆铁路沿线产业带。

二、产业集聚的衡量指标

根据 Hoover（1937）提出的产业集聚类型理论，本书试图从产业集聚的地方化经济和城市化经济两个维度，寻找衡量指标对我国各省级行政区划的产业集聚情况进行描摹。所谓产业集聚的地方化经济是指地区内产业的专业化程度，即相同产业在空间内集中带来的集聚效应；城市化经济指整个区域的经济发展状况，体现产业集聚的总量水平，即突破产业来源于地区经济外部性层面的产业集聚。

（一）产业集聚专业化水平的衡量指标

产业经济学中衡量产业集聚专业化程度的指标有很多，如区位熵、空间基尼系数、首位度指数、赫芬达尔指数和产业地理集中指数等。不同指标测度产业集聚的侧重点不同，可能会得到不同的结果。

区位熵测度的是某一产业在本地区的专业化程度，通过对某产业在地区中的重要程度与本地区该产业在全国的重要程度作商得到[①]。比较区位熵与数值 1 的大小关系可以衡量某一产业在本地区的优势程度，若区位熵大于 1 说明该产业与总体区域相比具有竞争力，是一种相对比较优势。

首位度指数、空间基尼系数和产业的地理集中指数都是测度某一行业在地理上集聚程度的指标。首位度指数表示某一产业规模排在前 n 位的地区在整个产业中的重要程度之和。空间基尼系数由 Krugman 于 1991 年提出，将各地区某一产业的发展状况统一与全国相比较，具体的计算方法是将某产业在某地区的重要程度与该地区经济在整个经济体经济中的重要程度作差，计算出该产业在所有地区的差值，再求平方并加和代表某一产业在整个经济体中的分布状况。空间基尼系数的取值在 0 和 1 之间变动，越接近 1 说明行业在地理上的集聚程度越高。产业的地理集中指数，即 EG 指数，加入了企业规模因素对某一产业在地区上的集聚进行赋值。

---

① “重要程度”指产业相关指标在地区对应指标中所占的比重，或地区相关指标在整个经济体对应指标中所占的比重。这些指标包括产业总产值、产业增加值、产业职工人数等，下同。

赫芬达尔指数描述的是地区内产业的集中程度，以某区域各产业在地区产业发展中的重要程度的平方和表示，赫芬达尔指数越接近 1 说明该地区的产业越集中。

本书研究产业集聚对地方政府税收竞争的影响，以我国的省级行政区划为研究单位，需要对各省级行政区划的产业集聚专业化水平进行测度以衡量各研究单元的地方化经济程度，侧重于地区专业化而非产业专业化。区位熵、首位度指数、空间基尼系数和 EG 指数都是对某一产业专业化程度的计量，只有赫芬达尔指数符合要求，但考虑到赫芬达尔指数计量方法太过单一且我国各省级行政区划具备的产业个数也不相同，使用赫芬达尔指数测度地区专业化水平可能会有偏差，也不利于各研究单位专业化程度的横向对比。基于赫芬达尔指数计量方法的缺陷和产业集聚在工业制造业表现最为显著的事实，借鉴文玫（2004）测度我国大中型厂商地理集中程度时使用的工业基尼系数，将省份因子替换为产业因子，对我国各省级行政区划的产业集聚专业化程度进行测算①。具体的计算方法如下：

$$S_{it} = \frac{1}{2n^2\mu}\sum_{j=1,k=1}^{n} |X_{ijt} - X_{ikt}| \tag{2-1}$$

其中，S_{it}为地区 i 的 t 年工业基尼系数，代表地区 i 当年的产业集聚的专业化水平；X_{ijt}表示 i 地区 j 行业 t 年工业销售产值占 i 地区工业销售总产值的比重；X_{ikt}表示 i 地区 k 行业 t 年工业销售产值占 i 地区工业销售总产值的比重；n 为 i 地区的行业个数；μ 为各行业工业销售产值占地区销售总产值比重的均值。工业基尼系数的计算需要将地区 i 参与计算的所有行业的工业销售产值的比重两两相减求绝对值并加和，类比于财政学中的洛伦兹曲线和收入分配基尼系数的解释，S_{it}可以表示地区 i 产业间的发展差距，即工业销售产值的分布情况，有多少的工业产值集中在多少的行业上。同样的原理，工业基尼系数的取值也在 0 ~ 1 之间，约接近 1 说明地区内的行业发展差距越大，销售产值集中在少数几个行业中，则该地区的产业专业化程度较高。

考虑数据的可获取性以及产业集聚专业化趋势显著体现在工业领域的事实，本书以我国 30 个省级行政区划（除西藏和港澳台地区）② 2007 ~ 2016 年国民经

① 文玫．中国工业在区域上的重新定位和聚集［J］．经济研究，2004（2）：84 – 94.

② 剔除西藏数据的原因在于区域发展特点和政策的特殊性，剔除港澳台地区数据的原因在于经济制度和政府治理上的特殊性以及统计口径的差异性，以提高样本中地方政府各项指标的可比性。

济行业分类①中 B、C、D② 三个门类中的 27 个两位数工业行业③的销售产值作为计算工业基尼系数的基础。

（二）产业集聚总量水平的衡量指标

工业基尼系数从地方化经济的维度对我国各省级行政区划的产业集聚专业化水平进行测度，而产业集聚中的城市化经济因素也需要一个衡量指标。为了便于各省级行政区划的横向比较，借鉴 Ciccone A. （2002）④ 测度欧洲工业空间集聚情况时提出的工业产出密度指标，将工业产值因子替换为经济总产出（地区 GDP）因子计算各地区的经济总量产出密度，以衡量各省级行政区划产业集聚中的城市化经济效应。这里使用经济总产量因子替代工业总产量因子的原因是城市化经济主要是指外部性经济带给产业集聚区域内各生产要素高于非集聚区内生产要素收益的部分，这种效应不仅仅局限在工业领域，快速发展的服务业和相关的城市基础设施因素都应被考虑在内，使用经济总产量因子计算总产出密度模拟城市化经济更加全面合理。具体的计算公式如下：

$$Q_{it} = \frac{\dfrac{gdp_{it}}{\sum_{i=1}^{m} gdp_{it}}}{\dfrac{A_i}{\sum_{i=1}^{m} A_i}} \tag{2-2}$$

其中，Q_{it}指 i 地区 t 年的经济总产出密度，代表产业集聚的总量水平；gdp_i指 i 地区 t 年的 GDP 总量；A_i指 i 地区的行政区划面积；m 表示地区的个数，m 取值为 30，基于区域发展和政策的特殊性，不考虑西藏和港澳台地区的情况。Q_{it}表

---

① 这里参照的“国民经济行业分类”指 2011 年新修订版。由于数据时间跨度包含 2011 年，为统一行业数据口径，将 2011 年后分开统计的“汽车制造业”和“铁路、船舶、航空航天和其他运输设备制造业”数据合并，与 2002 年版国民经济行业分类中的“交通运输设备制造业”作为同一行业处理。

② B、C、D 指国民经济行业分类中的门类，分别代表采矿业、制造业和电力热力、燃气及水生产和供应业。

③ 27 个两位数行业具体包括：煤炭开采和洗选业、石油和天然气开采业、黑色金属矿采选业、有色金属矿采选业、非金属矿采选业、农副产品加工业、食品制造业、饮料制造业、烟草制造业、纺织业、纺织服装和鞋帽制造业、造纸和纸制品业、石油加工炼焦和核燃料加工业、化学原料和化学制品制造业、医药制造业、化学纤维制造业、非金属矿物制品业、黑色金属冶炼和压延加工业、有色金属冶炼和压延加工业、金属制品业、通用设备制造业、专用设备制造业、交通运输设备制造业、电器机械和器材制造业、计算机通信和其他电子设备制造业、仪器仪表制造业、电力热力生产和供应业。

④ Ciccone A. Agglomeration Effects in Europe［J］. European Economic Review，2002，46（2）：213－227.

示地区单位区划面积的经济产出，可以模拟地区城市化经济的相对强度，可以理解为经济活动总量在各地区间的集中程度。

三、我国产业集聚水平的测度及分区结果

（一）我国产业集聚专业化水平的测度结果

根据对2008～2017年《中国工业统计年鉴》中我国30个省级行政区划27个两位数行业工业销售产值①数据的整理，计算各省级行政区划10年来的工业基尼系数。基于数据可视化的考虑，表2－2仅报告各省级行政区划2007～2016年工业基尼系数的均值结果。

表2－2　　2007～2016年我国各省级行政区划工业基尼系数均值

地区	均值	地区	均值	地区	均值
北　京	0.6320	浙　江	0.4703	海　南	0.6727
天　津	0.5411	安　徽	0.4606	重　庆	0.6401
河　北	0.5571	福　建	0.4113	四　川	0.4178
山　西	0.7364	江　西	0.4930	贵　州	0.5862
内蒙古	0.5653	山　东	0.4234	云　南	0.6118
辽　宁	0.5130	河　南	0.4234	陕　西	0.5031
吉　林	0.6170	湖　北	0.6170	甘　肃	0.6727
黑龙江	0.6310	湖　南	0.4075	青　海	0.5900
上　海	0.5550	广　东	0.5684	宁　夏	0.6253
江　苏	0.4529	广　西	0.5338	新　疆	0.6727

资料来源：根据《中国工业统计年鉴》（2008～2017）整理计算得到。

从工业基尼系数均值的绝对值看，近10年来我国产业专业化程度较高的地区有山西、海南、甘肃、新疆和重庆，主要分布在中西部地区，其中，山西的优势产业主要是煤炭、石油和黑色金属冶炼等相关行业，依托省内丰富的矿产资源和完整的产业链条形成特色重工业的产业集聚；类似地，海南、甘肃、新

① 在2007～2016年的时间跨度内，工业销售产值的统计口径未发生变化，数据与行业的工业总产值差别不大且可全面获取，故使用各省各行业的工业销售产值作为计算工业基尼系数的基础数据。

疆和重庆分别在农副产品加工、有色金属冶炼、石油炼焦和电子设备制造等行业形成了集聚。相反，经济发展较好的东部地区，如北京、上海、广东等地区的产业专业化程度却低于部分西部省区，主要原因是东部地区的产业结构更加完善，地区内的行业均衡程度要优于西部地区，西部很多省区主要依托少数特殊产业发展，专业化程度较高。

将各省级行政区划的工业基尼系数均值与全国均值 S = 0.5534 作对比，得到各省级行政区划产业集聚专业化的相对水平，结果如表 2 - 3 所示。

表 2 - 3　2007 ~ 2016 年我国各省级行政区划工业基尼系数均值相对水平

高于全国均值的地区（共 17 个省市）	低于全国均值的地区（共 13 个省市）
山西、海南、甘肃、新疆、重庆、北京、上海、广东、湖北、河北、吉林、黑龙江、宁夏、云南、青海、贵州、内蒙古	天津、广西、辽宁、陕西、江西、浙江、安徽、江苏、山东、河南、四川、福建、湖南

（二）我国产业集聚总量水平的测度结果

根据对 2008 ~ 2017 年《中国统计年鉴》中我国 30 个省级行政区划地区生产总值数据的整理，计算各省级行政区划 10 年来的经济产出密度。表 2 - 4 报告各省级行政区 10 年来的经济产出密度均值。

表 2 - 4　2007 ~ 2016 年我国各省级行政区划经济产出密度均值

地区	均值	地区	均值	地区	均值
北　京	16.0610	浙　江	5.1201	海　南	1.19724
天　津	16.0182	安　徽	1.7547	重　庆	1.952484
河　北	2.0421	福　建	2.3886	四　川	0.705061
山　西	1.0705	江　西	1.1077	贵　州	0.574136
内蒙古	0.1813	山　东	4.8884	云　南	0.391062
辽　宁	2.3288	河　南	2.6460	陕　西	0.967937
吉　林	0.8924	湖　北	1.7125	甘　肃	0.178185
黑龙江	0.4120	湖　南	1.4896	青　海	0.036889
上　海	50.8434	广　东	4.8554	宁　夏	0.487049
江　苏	7.7788	广　西	0.7995	新　疆	0.060974

资料来源：根据《中国统计年鉴》（2008 ~ 2017）数据整理计算得到。

经济产出密度指数表示单位行政区划面积的经济产出量，用以模拟城市化经济规模，表示经济活动的集中程度。从近 10 年指标均值绝对值看，北京、上海、天津三个直辖市面积较小，经济产出密度均值在 16 以上，上海高达 50.8434，远高于其他地区，符合大众的直观感受，无论是工业还是服务业都存在向大城市集中的趋势，经济产出密度高的地区城市化经济规模较大，无论是基础设施还是开放程度都处于前列，为区域内生产要素提供优越的生产环境。而工业基尼系数较高的西部省区，如新疆、甘肃等由于区划面积广阔而经济总量较小，经济产出密度指标均值较低，均低于临界值 1，其区域内的经济活动相对较为分散，城市化经济规模小。

将各省级行政区划的经济产出密度均值与临界值 1 作对比，得到各省级行政区划经济总量集聚的相对水平，结果如表 2－5 所示。

表 2－5　2007～2016 年我国各省级行政区划经济产出密度均值相对水平

高于临界值（共 18 个省市）	低于临界值（共 12 个省份）
北京、上海、天津、江苏、浙江、山东、广东、河南、福建、辽宁、河北、重庆、安徽、湖北、湖南、海南、江西、山西	陕西、吉林、广西、四川、贵州、宁夏、黑龙江、云南、内蒙古、甘肃、新疆、青海

（三）基于专业化和总量水平测度的产业集聚分区

工业基尼系数和经济产出密度指数作为产业集聚专业化水平和总量水平的衡量指标，分别代表 Hoover 提出的产业集聚的地方化经济（产业集中度层面）和城市化经济（经济总量层面）规模。上文已分别基于工业基尼系数和经济产出密度指数与临界值的数量关系对我国 30 个省级行政区划的产业集聚专业化水平和总量水平在全国的相对水平进行分类，在此将专业化和经济总产出两个维度结合起来，对全国 30 个省级行政区的产业集聚类型进行划分，可得到如图 2－2 所示的分类结果。

根据产业集聚的专业化水平和总量水平指标，我国 30 个省级行政区划可以被划分为四类区域：

第一，高专业化低产出区，这类区域工业基尼系数较高，内部产业分布集中，具备几个明显的优势产业，但其他产业发展较差，经济的产出密度低，经济活动在总量上不集中。被划分到该区域的省份大部分位于我国经济地理分区中的西部，特色产业具备优势但经济总体发展水平不高。

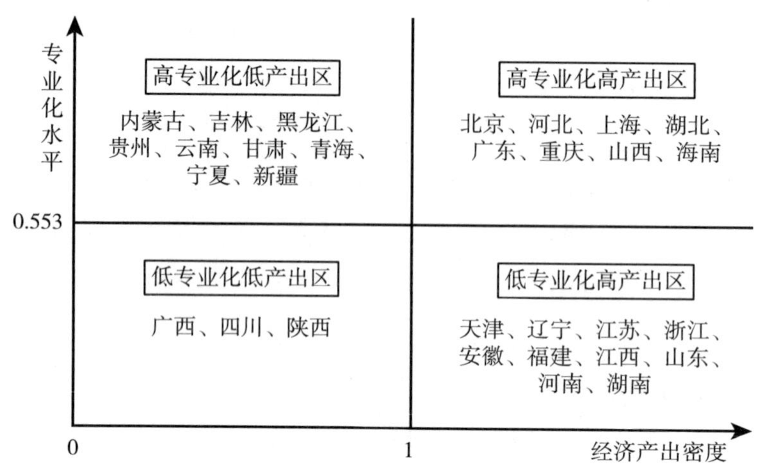

图 2-2　我国各省级行政区划的产业集聚类型划分

第二，高专业化高产出区，专业化程度和经济产出密度均较高，优势产业表现突出且整体的资源配置效率高，属于产业结构较完善的发达地区。该类地区不但囊括了北上广等发达地区，也包括湖北、重庆、河北。根据对各省近 10 年工业销售产值的整理统计可以发现，湖北、重庆和河北工业销售产值在 1000 亿元以上的行业较多，产业整体发展水平较高，且具备表现突出的行业。2016 年，湖北和重庆的交通运输设备制造业，河北的黑色金属冶炼和压延加工业的工业销售产值分别为 7428.1 亿元、6857.3 亿元和 10370.3 亿元①，在地区整体产业和全国同行业层面均位于前列。山西省的高专业化水平得益于煤炭、黑色金属和电力产业的集聚，经济产出密度指标均值略大于 1，位于高专业化高产出区域的末位。海南被分入该区域的原因在于陆地行政区划面积较小，且近 10 年地区生产总值占全国 GDP 的比重不断攀升，经济产出密度呈现较快的增长趋势；同时，海南省内部产业分化明显，依托南海丰富的海洋石油资源，地区内石油加工及炼焦、电力供应等产业表现出相对优势。

第三，低专业化低产出区，该区域是产业集聚最不明显的区域，地区内不具备个别产业优势，整体产业发展水平不高，经济活动也不集中。该区域包括广西、四川和陕西三个省份，其中四川省的经济产出密度指标均值最低，原因是四川省行政区划面积较大，达 48.14 万平方公里，约占全国总面积的 5%，而地区生产总值占全国的比重约为 4%，且位于我国三大阶梯地形中的第一二

① 行业产值数据来源于 2017 年《中国工业统计年鉴》。

阶梯交界处，省内山地多平原少，不利于经济活动的集聚，故被划分到低产出区域。

第四，低专业化高产出区，该地区在产业层面发展较为均衡，大部分产业都达到了平均水平且在全国范围内也占据一定优势，故虽专业化程度未达到全国平均水平，但经济产出密度水平较高。被划分到该区域的省份大部分位于我国东中部地区，人口稠密，城镇化程度较高。

第二节　中国地方政府税收竞争的衡量指标与现状分析

一、中国地方政府税收竞争的制度背景

地方政府进行税收竞争的前提是生产要素可以在不同地区间自由流动以及地方政府具备相对独立的经济利益。前者为地方政府的税收竞争提供对象，后者构成竞争的动力。

中国地方政府的税收竞争来源于市场经济体制改革以及"中国式财政联邦主义"和官员为增长而竞争模式的双重激励。改革开放后，我国放弃了"行政命令式"的经济发展策略，逐渐确立起社会主义市场经济体制，以市场作为资源配置的主体，鼓励生产要素的优化配置和自由流动，同时辅之以政府的宏观调控，地方政府从中央计划的执行者转变为区域经济的参与主体进入到市场经济体系中。

另外，经历了"统收统支"和"财政包干"阶段的财政管理体制之后，我国于 1994 年实行"分税制"财政管理体制改革，划分中央与地方政府的财权和事权，使地方政府在财政收支和职权范围上具备了发展本地区经济的自主权。但我国的财政分权不同于西方联邦制国家的完全分权，是集权前提下的有限分权，通过中央和地方共享税收收入，地方可以获得中央利益分享后的剩余索取权，也可以基于财权与事权的不匹配获取来自中央政府的转移支付。在这种

“中国式财政联邦主义”制度安排下，我国地方官员的晋升考评机制加速了地方政府之间的经济竞争。地方官员晋升依靠任期政绩，而政绩的直观表现即经济发展，核心指标包括 GDP 增速，地区投资增速和财税收入规模等，目标导向下的官员行为作用于地方经济发展，招商引资显得异常重要，基于生产要素的逐利本质，可以直接降低要素生产成本的税收政策成为地方政府争夺流动性资源的重要手段之一。

二、中国地方政府税收竞争的主要形式

中国地方政府与具备税收立法权的西方联邦制国家地方政府不同，无法通过本地区税率水平的直接调节或税种的设置影响生产要素的区际流动，我国地方政府的税收竞争行为主要体现在实施区域性税收优惠政策、调节税收征管强度以及提供财政补贴等方面。

（一）税收优惠政策

税收优惠从广义上理解就是政府按照预定目的，通过税收制度安排免除或减轻部分纳税人的税收负担，具体包括税率优惠、税基优惠、税额优惠和纳税时间优惠，还包括税收的先征后返等。按照优惠范围的不同，可以划分为行业优惠、区域性优惠、基于企业规模优惠和所有制上的优惠。地方政府的税收竞争主要着力于区域性税收优惠政策，使本辖区的税收优惠政策优于其他辖区而吸引生产要素流入。

地方政府的区域性税收优惠政策主要有以下几个方面：一是争取中央政府制定的有利于区域发展的税收优惠政策。如中央政府基于“西部大开发战略”制定的区域性税收优惠：2001～2010 年，在西部地区开办国家鼓励类产业的企业减按 15% 的税率征收企业所得税；西部地区新开办的水利、邮政、电力、交通类企业，可以享受“两免三减半”的企业所得税优惠等。二是国务院批准，在民族区域自治地区，地方政府可定期减征或免征企业所得税。地方政府对中央政府制定的区域性税收优惠政策的争取主要通过“院外活动”实现，但这类政策的出台大多数是基于全国区域发展战略的宏观考量，单独地方政府的努力

对中央政府的决策影响程度有限。

另外，还有间接性的税收优惠，例如财政返还等。这是省（自治区、直辖市）级地方政府对外来投资企业依据投资规模和纳税情况，由地方财政按照一定的比例向企业返还上缴的税收和其他支出的一种税收竞争方式。其实质是通过降低企业的实际税收负担，增加企业落户。目前较为突出的财政返还问题在各地仍然长久不衰，特别是在各类开发中，越是经济落后地区，越是能通过类似的地方性优惠政策吸引投资。财政返还虽然在促进地方政府竞争实力方面有显著作用，确实在实现招商引资方面卓有成效，但是容易助长一些企业的投机行为。这种地方政府税款返还主要是地方政府为了鼓励外来资金、企业进入，给予某些投资企业相当于一定税款的政府财政款项，这种税款返还一般是在税法规定范围外。为了吸引更多的企业投资和其他经济资源，各个地区通过各种形式完成对企业的税款返还，如税收“先征后返”“即征即退”等。税收“先征后返”“即征即退”原本属于国家相关规定，属于有据可依。但是地方政府在竞争过程中不断对其进行调整处理，使其渐渐超出了国家的规定。如“先征后返”政策，原本是为解决部分行业、企业改征增值税后实际税负明显增加以及保持对外开放政策的连续性而制定的，但由于国家一开始就未明确界定“先征后返”的政策权限，从而导致近年来相当一部分地方政府对本地许多企业采取“先征后返”的办法。这一现象在我国地方政府税收竞争中十分普遍。20 世纪 90 年代，许多东部地区省份为了鼓励外商投资企业增加投资，促进外商投资企业的发展，规定凡是达到规定标准的企业都可以享受一定比例的所得税返还，其中返还比例第一年、第二年达到 100%，第三至第五年达到 50%，部分地区还专门出台了地方法规，如 2009 年昆明市将有关税收减免、奖励返还政策，扩大到中、小企业，凡是进入昆明市工业园的中小企业都可以享受“园区优惠政策”，其缴纳的增值税、所得税等地方留成部分将在 5 年内由财政通过奖励或补助的形式返还给企业；2012 年山东省《关于支持台资企业发展扩大鲁台经贸合作的意见》中规定对台资企业在山东省投资生产销售资源综合利用产品，享受增值税免征、减征或“即征即退”等优惠政策。

地方政府区域性税收政策的获得更多地来源于地方政府本身。我国的税收立法权由全国人大赋予国务院，但法律上省级政府和省级以下具备立法权的地方政府可以制定适用于本地区的法规、规章和政策，理所当然包括地区税收政策。地方政府无法决定本地区的名义税率，但可以通过制定区域性的税收优惠政策改变地区的实际税负和其他地区进行竞争。分税制改革之后，地方政府制定的区域性税收优惠政策是各地方进行税收竞争的主要手段，甚至一度出现税收越权减免、以支代减等违法违规现象。

党的十八届三中全会以后，中央政府开始着力清理和规范各类地方税收优惠政策。2013 年，《中共中央关于全面深化改革若干重大问题的决定》提出，按照统一税制、公平税负、促进公平竞争的原则加强对税收优惠特别是区域税收优惠政策的管理。次年 9 月，国务院发布《关于深化预算管理制度改革的决定》，要求全面规范税收优惠政策。同年 11 月，国务院《关于清理规范税收等优惠政策的通知》下发，要求各地区、各有关部门开展专项清理，全面排查已有的各类税收等优惠政策。但由于地方税收优惠长期存在、情况复杂加上经济增长下滑的现实，强力的清理和规范受到了地方政府的抵制。2015 年 5 月，国务院出台《关于税收等优惠政策相关事项的通知》，意在缓和专项清理政策带来的冲击。

该文提出，允许地方政府为已出台的税收优惠设定过渡期，且若以后再制定新的涉及税收优惠政策，应报国务院批准后执行。之后，仍有地方政府制定并执行区域性的税收优惠政策，如 2018 年新疆霍尔果斯和上海崇明岛实行企业增值税地方分成部分财政返还政策，霍尔果斯按照增值税地方分成部分税额分级，按 15% ~50% 七档比例返还，崇明岛按 40% 的比例返还。此外，霍尔果斯对辖区内的企业实行企业所得税“五免五减”优惠，即新开办企业前五年免征企业所得税，之后五年免征企业所得税地方分成部分，个人所得税按照地方分成部分税额分级按 70% ~90% 的比例返还；崇明岛个人所得税按照 0.5% ~3.5% 的征收率核定征收。由此可见，在中央全面清理和规范税收优惠的举措下，地方政府仍具备利用区域性税收优惠进行税收竞争的能力。

（二）税收征管强度

我国财政分权的重要特征在于集中的税收立法权和分散的税收执法权的结合。除了实施区域性税收优惠政策外，地方政府还可以利用手中的税收执法权调整税收征管强度影响本地区的实际税负，这种制度外的税收竞争手段更加隐蔽、灵活，可以更好地规避中央政府的监管。

地方政府可以通过放松税收审计和稽查，帮助企业隐瞒信息等方式降低辖区内生产要素的实际税率，达到税收竞争的效果。且我国税务系统内征管部门与稽查部门并未实现真正的独立，监督力度有限。1994 年与分税制配套实施的国、地税“两税分离”也为地方政府寻求税收征管的调节提供了空间。2018 年 2 月28 日，中国共产党第十九届中央委员会第三次全体会议通过的《深化党和国家机构改革方案》中提出将省和省级以下国地税机构合并。同年 7 月，全国省市县乡四级税务机构全部完成合并挂牌工作。国地税“两税合并”后统一直管可能会对地方政府作用于税收征管强度的程度带来冲击，但基于同级地方政府对税务局的实际影响，本书认为该冲击并不一定会在实质上改变地方政府利用税收征管强度进行税收竞争的现实。

（三）财政补贴

财政补贴分为中央财政补贴和地方财政补贴，中央财政补贴列入中央财政预算，属于国家财政对分配进行干预，调节国民经济和社会生活的一种手段，不属于地方政府间税收竞争的范畴，如对西部大开发中的补贴等。而地方财政补贴主要是地方政府对竞争性企业的补贴。观察各地的财政补贴政策发现，财政补贴名目繁多，如企业扶持发展资金补贴、科技发展财政补贴、出口补贴、中小企业担保补贴、品牌扶持补贴、培训项目补贴等等。按企业的补贴环节划分还可以可分为投资补贴、研发补贴、生产补贴、流通补贴。除去财政补贴形式多样化，地方政府对本地企业的补贴还缺乏公开性，许多补贴项目都只是地方政府对企业支持、利益输送的借口或名目。值得注意的是，我国地方政府对本地竞争性企业的财政补贴规模是相当大的。在公开渠道查到的大额财政补贴大部分是对上市公司的补贴，财政补贴对上市公司而言已成为常态。据资料显示，2010 年总共有 1454 家上市公司收到政府补助，涉及金额达 463. 4 亿元。除了辖区经济发展的驱动之外，各种资源要素的流动也是激发地方政府对大规模上市公司巨额补贴的重要原因，一些纳税规模较大的企业以迁出当地为筹码，向政府争取更优惠的税收和财政补贴，博弈的结果往往是政府补贴企业或者加大对企业的补贴力度。各种名目的财政补贴其实是地方政府竞争的重要手段。

（四）其他方式

随着新企业所得税法的颁布和实施，内外资企业所得税实现统一，我国税收优惠体系也开始以“产业优惠为主，地区优惠为辅”。降低所得税税率和改变所得税税基以及税额优惠等为主要内容的地方政府间税收竞争在招商引资的过程中有所限制。但是，在我国规范各地税收优惠的大背景下，除了上述税收优惠、放松税收征管力度和财政补贴外，还有许多的税费减免方式，如减免土地出让金、减免费用等。

1. 土地出让金减免。所谓土地出让金就是地方政府的土地管理部门将土地使用权出让给土地使用者，并按规定向受让人收取土地出让的全部价款。土地出让金价格的高低本应取决于土地市场的供求关系。但是，对于某些项目，如开发园区等工业项目往往不是完全依靠市场调节，土地出让金就带有税费的性质。土地出让金减免在招商引资过程中确实对提高地方政府间的竞争力有着明显的促进作用，通过减免土地出让金，能够吸引很多中小企业甚至是大企业的投资，为地方经济发展带来了活力。但是，地方政府采用的减免土地出让金行为也带来了一系列问题。首先，造成各个地区的恶性竞争，长期缺乏收支规范，各地攀比之风也愈演愈烈，造成了土地资源的不合理利用和资源的浪费。其次，不利于区域健康发展。尤其是中西部地区，在地理位置、经济环境、基础设施等投资环境方面明显弱于东部地区，对依靠土地出让金减免换取投资项目依赖性更大，这种依靠一次性预支未来若干年土地收益的“透支”行为，不利于地区的健康可持续发展。最后，地方政府对减免土地出让金的自由裁量空间还容易滋生腐败和寻租行为。

2. 费用减免。费用减免主要有市政建设配套费减免和行政性规费减免，包括对市政基础设施配套费、水资源补偿费、教育附加费、排污费等进行减征和免征，对本级应收取的其他行政性规费实行免征、减征或缓征，以吸引经济资源流入。费用减免从一定程度上降低了企业税费负担，是地方政府招商引资的重要手段，也属于税收竞争的一种变形。减免费用一方面确实能减少企业的投资成本，增加企业投资收益，有利于地区经济发展；另一方面减免费用还可以起到优化投资环境，树立地方政府良好形象的作用。目前，国家对地方政府所采取的与投资相关的各项费用并没有强制性的规定，现行的税收法律法规对减免费用这一措施限制很少。因此，费用减免已经成为地方政府税收竞争中非常重要的配套措施。

三、地方政府税收竞争情况的衡量指标

地方政府的税收竞争是一种博弈行为，竞争的对象是流动性生产要素，竞争的主要表现形式是实施税收优惠及控制税收征管强度，故难以寻求一个能够全面描摹其行为的统一数量指标。国内外的研究者均使用税负作为地方政府税收竞争情况的代理指标，因为税负是地方政府通过各种手段进行税收竞争的最终结果，囊括了税收竞争的各种因素，而且可以量化。本书同样使用税负作为地方政府税收竞争的衡量指标对地方政府的税收竞争行为进行描摹，为反映不同维度的税负情况，选择中观和微观层面税负，即省级区域性税负和地区企业税负作为地方政府税收竞争的衡量指标。

省级区域性税负，指省级行政区划的税收收入占该省区生产总值的比重，代表地区内单位经济产出的税收负担。企业税负，指企业的税收负担，一般以所得税占营业收入的比重来计量。本书分别计算了我国 30 个省级行政区划近 10 年的区域性总税负、企业所得税税负、个人所得税税负、增值税税负和财产税税负①，以及 30 个省级行政区划内 300 家工业和制造业上市公司近 10 年的企业税负，粗略观摩我国地方政府的税收竞争现状。

从省级区域性税负的计算结果看，图 2－3 和图 2－4 给出了 2007～2016 年我国 30 个省级行政区划的区域性总税负和各税种税负的变动情况。

由图 2－4 可知，2007～2016 年，我国区域性总税负水平整体上呈明显的上升态势，2014 年后略有下降，各税种税负水平的变动则呈现出差异化状态，可能与结构性减税政策的实施有关。企业所得税和个人所得税的省级区域性平均税负水平在 10 年间变化不大，企业所得税税负整体上略微有提高，个人所得税税负水平则基本持平。增值税税负的均值在 10 年间呈现出波动状态，2016 年增长幅度较大，原因在于 2016 年 5 月 1 日之后，“营改增”全面推开，营业税废

① 在这里纳入财产税税负计算的税种主要包括六个地方税税种：即房产税、城镇土地使用税、车船税、契税、耕地占用税和土地增值税。

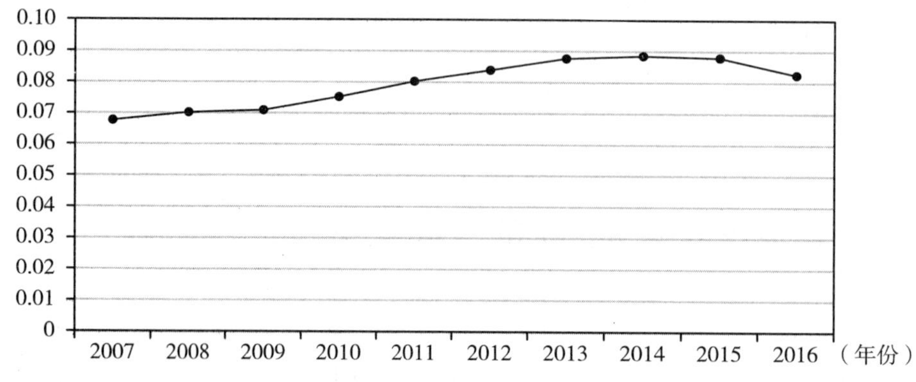

图 2－3　2007～2016 年我国区域性总税负均值变动情况

资料来源：根据《中国统计年鉴》（2008～2017）数据整理计算得出。

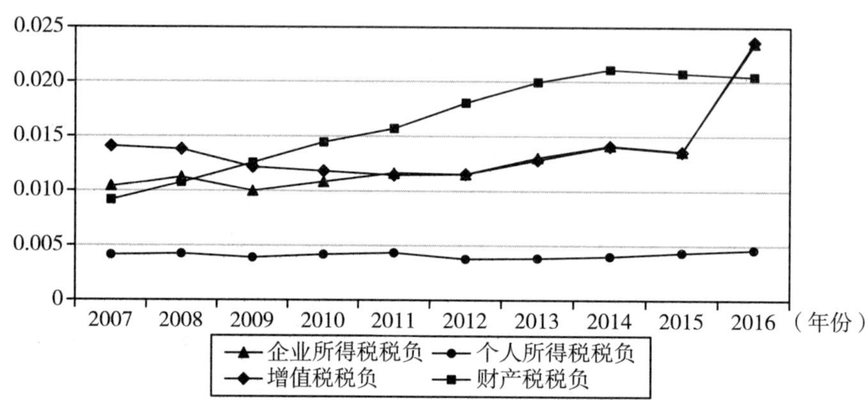

图 2－4　2007～2016 年我国各税种区域性税负均值变动情况

资料来源：根据《中国统计年鉴》（2008～2017）数据整理计算得出。

止，当年增值税税额快速增加。财产税税负平均水平与区域性总税负的平均水平的变动趋势严格一致，整体上提升明显，但 2014 年后有所下滑。区域性税负随时间的变化趋势说明近 10 年我国省级区域性税负水平整体上有所提高，但不同税种的税负水平变化不一，地方政府在进行税收竞争时针对不同的税种可能采取差异化的竞争策略。

横向来看，省级区域性税负水平在各省市之间差异较大。省级区域性总税负的计算结果显示，上海和北京近 10 年的区域性总税负均值达到 10% 以上，而河南和湖南的区域性总税负均值在 5% 以下，全国范围内的极值差别较大。值得关注的是，区域性总税负较高的地区除北京、上海、浙江、广东、江苏等经济发达的省份外，海南、贵州、云南、新疆等省份的区域性总税负均值也高于全国平均水平，处于高位，而大多数位于中部地区的省份，如湖南、河南、湖北、安徽等省份的区域性总税负水平较低。同样地，根据各省市税收和地区 GDP 数据计算的各省份 10 年间分税种税负均值情况可知，省级区域性企业所得税税负和个人所得税税负水平在全国范围内极差较大，而各省市间增值税和财产税税负水平的极差较小。从各省市在不同税种税负的排位中可以发现，省级区域性企业所得税、个人所得税和增值税税负水平的排位在区间分布上与区域性总税负大致相同，在省级区域性总税负中处于高位的北京、上海、广东和江浙地区在其他三种税负的测度中仍处于高位，在区域性总税负中处于低位的河南、湖南、广西和河北等省份在其他三种税负水平上也都处于低位。而各省市财产税税负水平的排位与整体税负排位的差异较大。企业所得税、个人所得税及增值税均为中央、地方共享税，且均为大税种；而本书计算的财产税税负包含的税种全部属于地方税，且大部分为小税种，税种性质不同可能是导致排位差异的重要原因。

微观层面的企业税负指标由各级行政区划上市公司公开披露的所得税数据和营业收入数据相除得出，实际上表示的是企业的所得税负担，与各省级行政区划区域性企业所得税税负的排位情况基本吻合。

我国各省级行政区划的区域性税负水平和企业微观税负水平存在较大差异，说明我国不同地区的实际税率存在较大差异，地方政府间的税收竞争切实存在。总税负水平和分税种税负水平之间和各自内部的排位差异则说明各地方政府在不同的税种上可能采取不同的税收竞争策略，如安徽省在企业所得税和财产税上着力，税负较高，个人所得税税负在全国处于低位区域。

第三节 中国地方产业集聚与政府税收竞争的区域性分析

本章前两节分别以工业基尼系数、地区经济产出密度指数和税负作为衡量指标对我国产业集聚和地方政府税收竞争的现状进行描述，并基于产业集聚的专业化水平和总量产出水平将全国30个省级行政区划划分为高专业化低产出区、高专业化高产出区、低专业化低产出区和低专业化高产出区四类区域。本节将我国不同区域的产业集聚和税收竞争指标结合起来，从产业集聚分区的角度初步观察二者之间的关系。

一、高专业化低产出区域的税收竞争

高专业化低产出区域共包括9个省级行政区划，分别是内蒙古、吉林、黑龙江、贵州、云南、甘肃、青海、宁夏、新疆。图2－5给出了表现8个省级行政区划近10年来工业基尼系数、经济产出密度和总税负相对关系，由图可知，区域性总税负均值较高的贵州、云南和宁夏的产业专业化水平和经济产出密度都相对较高，而新疆较低的经济产出密度指数则是由于较大的区划面积摊平了经济产出，但分区内经济产出密度和专业化水平都较高，吉林总税负水平却较低。与全国平均总税负水平作对比，贵州、云南、新疆和宁夏的总税负均值高于全国总税负水平均值，青海、内蒙古、甘肃、吉林和黑龙江的总税负水平则低于全国均值，说明高专业化低产出区内部各地方政府的税收竞争行为存在差异。

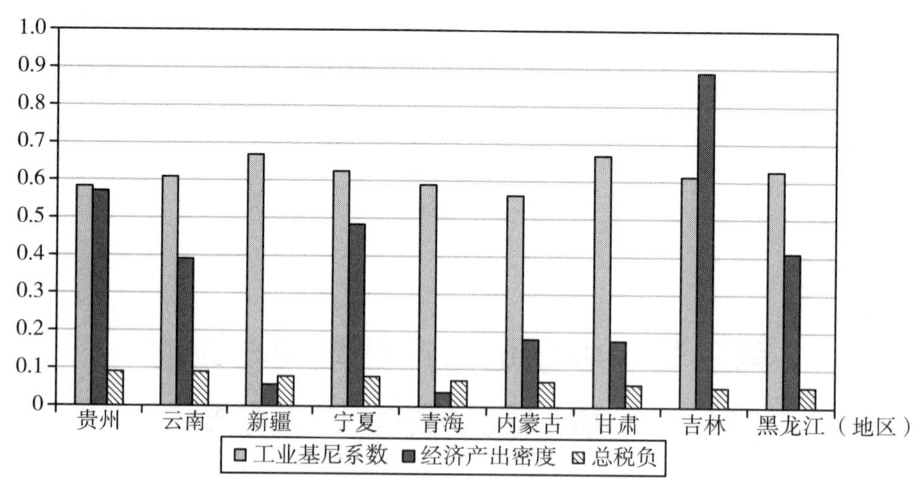

图2－5　高专业化低产出省市的产业集聚水平和区域性总税负水平

资料来源：根据《中国统计年鉴》和《中国工业统计年鉴》（2008～2017）数据整理计算得出。

二、高专业化高产出区域的税收竞争

高专业化高产出区域共包括 8 个省级行政区划，分别是北京、河北、上海、湖北、广东、重庆、山西、海南。由于上海和北京的经济产出密度非常高，不利于柱状图的数据表达，因此表 2－6 整理了上述省级行政区划近 10 年来工业基尼系数、经济产出密度指数和总税负均值并按照地区总税负均值大小降序排列，可以看到该区域内除湖北和河北外，大部分省市的总税负均值都高于全国平均水平，上海、北京和海南的区域性总税负位居全国前三，高专业化高产出区域地方政府普遍实行高税负策略。

表 2－6　高专业化高产出省份的产业集聚水平和区域性总税负水平

地区	工业基尼系数	经济产出密度	总税负
上海	0.555	50.843	0.171
北京	0.632	16.061	0.171
海南	0.673	1.197	0.113
广东	0.568	4.855	0.088
山西	0.736	1.070	0.082
重庆	0.640	1.952	0.081
湖北	0.617	1.713	0.057
河北	0.557	2.042	0.056

资料来源：根据《中国统计年鉴》和《中国工业统计年鉴》（2008～2017）数据整理计算得出。

三、低专业化低产出区域的税收竞争

低专业化低产出区域包括广西、四川和陕西 3 个省份。图 2－6 给出了上述 3 个省份近 10 年的工业基尼系数、经济产出密度和区域性总税负的均值情况，并和相应指标的全国均值或临界值作对比。从全国层面比较，低专业化低产出区内各省的区域性税负水平均低于全国均值水平，统一实行低税负的税收竞争策略。从低专业化低产出分区内部比较，四川的工业基尼系数和经济产出密度低于广西和陕西，但其区域性税负却高于广西和陕西；广西的工业基尼系数在3个省份中处于高位，但税负却处于低位，说明低专业化低产出区域的产业集聚指标和区域性税负指标并未简单呈现出明显的线性同低趋势。

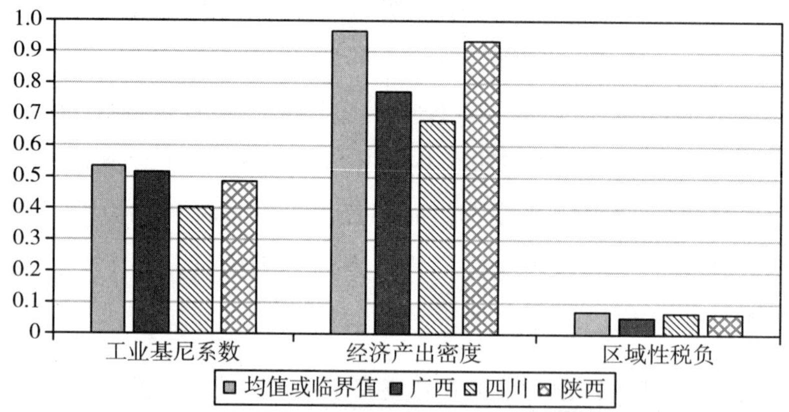

图2-6　低专业化低产出省份的产业集聚水平和区域性总税负水平

资料来源：根据《中国统计年鉴》和《中国工业统计年鉴》（2008～2017）数据整理计算得出。

四、低专业化高产出区域的税收竞争

低专业化高产出区域包括天津、辽宁、江苏、浙江、安徽、福建、江西、山东河南和湖南共10个省级行政区划。按照总税负均值降序排列，区域内各省市的产业集聚水平和税负情况如表2-7所示，该区域内位于中部地区的省份税负普遍较低，长三角和辽中南地区的税负水平较高。

表2-7　低专业化高产出省份的产业集聚水平和区域性总税负水平

地区	工业基尼系数	经济产出密度	总税负
浙　江	0.470	5.120	0.091
天　津	0.541	16.018	0.089
江　苏	0.453	7.779	0.084
辽　宁	0.513	2.329	0.080

续表

地区	工业基尼系数	经济产出密度	总税负
安 徽	0. 461	1. 755	0. 071
江 西	0. 493	1. 108	0. 071
福 建	0. 411	2. 389	0. 070
山 东	0. 423	4. 888	0. 058
河 南	0. 423	2. 646	0. 049
湖 南	0. 407	1. 490	0. 048

资料来源：根据《中国统计年鉴》和《中国工业统计年鉴》（2008～2017）数据整理计算得出。

基于对产业集聚程度不同地区区域性税负水平的分析发现，除低专业化低产出区税负普遍较低外，其他分区内的省级行政区划总税负水平并未呈现出统一的“同高”或“同低”的特征，产业集聚对地方政府税收竞争的影响有待进一步检验。

本章小结

本章描述了我国产业集聚与税收竞争的基本现状，介绍了产业集聚与税收竞争的衡量指标，并在此基础上初步分析了不同产业集聚水平下二者的关系。通过对产业集聚的现状描述得知，东部地区的产业集聚水平高于中西部地区，在全国层面上形成了类似于新经济地理学理论“中心—外围”地区结构的经济分区。通过对地方政府税收竞争制度背景和主要形式的介绍可知，我国地方政府的税收竞争来源于市场经济体制改革以及“中国式财政联邦主义”和官员“政治晋升锦标赛”治理模式的双重激励，并且地方政府的税收竞争行为主要体现在实施区域性税收优惠政策、调节税收征管强度和提供财政补贴等方面。在产业集聚的指标选取方面，采用工业基尼系数和经济空间产出密度衡量产业集聚的专业化水平和总量水平，并从这两个维度对我国 30 个省级行政区划的产业集聚水平进行测算，根据测算结果将各省级行政区划分为高专业化低产出区、高专业化高产出区、低专业化低产出区和低专业化高产出区四大区域。在税收竞争的指标选取方面，采用省级区域性税负和地区企业税负衡量地方政府税收竞争，并计算了我国30个省级行政区划近10年的区域性总税负、企业所得税税负、个人所得税税负、增值税税负和财产税税负，以及30个省级行政区划内300家工业和制造业上市公司近10年的企业税负。最后将我国不同区域的产业集聚和税收竞争指标结合起来，从产业集聚分区的角度初步观察了二者之间的关系。

第三章
产业集聚对地方政府税收竞争影响的实证分析

本章将从中观税负和微观税负两个维度检验产业集聚对地方政府税收竞争的影响。其中，在基于省级区域性中观税负的实证分析中，引入带权重集的税负策略反应变量和地区虚拟变量构建多层次的空间计量模型分别从省级区域性总税负、企业所得税税负、个人所得税税负、增值税税负和财产税税负层面分区检验产业集聚对地方政府税收竞争的影响。在微观税负维度，即基于地区企业税负的实证分析中，使用各省级行政区划近10年的上市公司数据检验不同分区产业集聚对地方政府税收竞争的影响。

第一节　基于省级区域性税负的实证分析

一、变量的选取与数据来源

（一）变量的选取

1. 体现地方政府税收竞争的变量。

（1）相对实际税负（T_{it}）。第二章以地区的税负水平，即地区税收收入占地区生产总值的比重作为地方政府税收竞争的代理指标对地方产业集聚和税收竞争的关系进行初步探究。在基于省级区域性税负的实证部分，为更好地描摹各地方政府税负水平间的相对关系，体现横向税收竞争的实际情况，借鉴傅勇和张晏（2007）在研究财政分权对财政支出偏向的影响时构建的相对实际税负指标作为各地方政府税收竞争的代理变量，具体的计算方法为：

$$T_{it} = \frac{\dfrac{tax_{it}}{gdp_{it}}}{\left(\sum_{i=1}^{n=30} \dfrac{tax_{it}}{gdp_{it}}\right)/n} \tag{3-1}$$

其中，T_{it}表示i地区t年的相对实际税负，即i地区税负相对于t年全国地区平均税负水平的强度，若T_{it}大于1，说明i地区t年的税负强度高于全国平均水平；若T_{it}小于1，说明i地区t年的税负强度低于全国平均水平，可以理解为给各地区当年的税负水平赋值，税负水平越高，赋值越大。tax_{it}表示i地区t年的总税收收入或某一税种的税收收入；gdp_{it}代表i地区t年的地区生产总值；n为地区个数，指我国的省级行政区划个数，取值为30。

（2）相对实际税负的策略反应变量（$w \cdot T_{jt}$）。本书的研究落脚于地方政府的税收竞争，目前学界检验地方政府税收竞争行为的通常做法是引入空间滞后的税负策略反应变量。借鉴 Genser 等（1993）的做法，假定其他所有地区都是本地区的竞争者，根据一定的标准对其他每个竞争地区的税负都赋一个权重，表示该地区影响样本地区税收决策程度的大小，再将本地区以外的所有地区税负按照各种权重进行求和，作为其他地区税收行为对本地区税收决策影响的代理变量，以体现地方政府间的税收竞争关系。常用来赋值的权重包括距离权重和经济权重，本书使用经济权重对各竞争省区的相对实际税负进行赋值构建反应策略变量。

$$w_{jt}^{G} = \frac{gdp_{jt}}{\sum_{j \neq i}^{n-1} gdp_{jt}} \tag{3-2}$$

由经济权重生成相对实际税负的策略反应变量$\sum_{j=1, j \neq i}^{n-1} w_{jt}^{G} \cdot T_{jt}$，其中，$gdp_{jt}$表示$j$省区$t$年的地区生产总值，$j$地区经济发展水平越高，则$w_{jt}^{G}$越大，对$i$地区的影响程度越大，反映出地方政府更倾向于向经济发达地区学习的事实；T_{jt}指地方税收行为的代理变量，表示j地区的t年的相对实际税负。

2. 体现产业集聚因素的变量（S_{it}、Q_{it}）。第二章中集中对衡量产业集聚专业化水平和总量产出水平的指标进行了论述，分别以工业基尼系数和经济产出密度作为产业集聚在地方化经济和城市化经济层面的代理指标。实证分析中使用第二章中的指标作为体现产业集聚因素的解释变量。

（1）体现产业集聚专业化水平的变量。体现产业集聚专业化水平的变量是工业基尼系数，计算方法如下：

$$S_{it} = \frac{1}{2n^{2}\mu} \sum_{j=1, k=1}^{n} \left| X_{ijt} - X_{ikt} \right| \tag{3-3}$$

公式中字母指代的内容详见第二章，此处不再赘述。

（2）体现产业集聚总量水平的指标。体现产业集聚总量水平的指标为经济产出密度，计算方法如下：

$$Q_{it} = \frac{\dfrac{gdp_{it}}{\sum_{i=1}^{m} gdp_{it}}}{\dfrac{A_i}{\sum_{i=1}^{m} A_i}} \tag{3-4}$$

3. 控制变量的选取（I_{it}、L_{it}、E_{it}）。可能对地方政府税收竞争行为的代理变量——相对实际税负产生影响的变量被放入控制变量集，本书从地区的相对市场规模、相对劳动力投入规模和相对科技水平三个角度引入控制变量。

相对市场规模变量的基础变量为城镇居民可支配收入，居民的可支配收入越高说明该地区的消费能力越强，相对应，市场规模就越大。具体计算方法为：

$$I_{it} = \frac{inc_{it}}{(\sum_{i=1}^{n=30} inc_{it})/n} \tag{3-5}$$

其中，I_{it}表示地区相对市场规模；inc_{it}指地区当年的城镇居民可支配收入，这里是将城镇居民可支配收入做相对化处理，可类比“相对实际税负”的概念理解，实质上是地区市场规模在全国的相对强度。

相对劳动力投入规模的变量的基础变量为地区城镇就业人数，具体计算方法为：

$$L_{it} = \frac{lab_{it}}{(\sum_{i=1}^{n=30} lab_{it})/n} \tag{3-6}$$

其中，L_{it}表示地区相对劳动力投入规模；lab_{it}指地区当年的城镇就业人数。

相对科技水平的基础变量为地区科技市场成交额，成交额越大说明地区的科技水平越高，具体计算方法为：

$$E_{it} = \frac{tec_{it}}{(\sum_{i=1}^{n=30} tec_{it})/n} \tag{3-7}$$

其中，E_{it}表示地区相对科技水平；tec_{it}指地区当年的科技市场成交额。

（二）数据来源

相对实际税负和策略反应变量的计算需要当年全国分省市的税收收入和地区生产总值数据，可从 2008～2017 年的《中国统计年鉴》中获取；产业集聚变量计算中的二位数工业和制造业行业分省市数据可从 2008～2017 年的《中国工业统计年鉴》中获取；控制变量中的地区城镇居民可支配收入、城镇就业人口和科技市场成交额数据可从 2008～2017 年《中国统计年鉴》中获取。

二、空间计量模型的构建

1. 检验地方政府税收竞争关系的空间计量模型

本书研究的重点是产业集聚对地方政府税收竞争的影响，首先利用相对实际税负的策略反应变量和控制变量构建模型 1 对地方政府间的税收竞争关系进行检验：

$$T_{it} = \alpha + \beta_1 \sum_{j=1,j\neq i}^{n-1} w\, T_{jt} + \delta_1 I_{it} + \delta_2 L_{it} + \delta_3 E_{it} + \varepsilon_{it} \qquad \text{（模型 1）}$$

其中，被解释变量为相对实际税负T_{it}，代理地方政府的税收竞争行为，解释变量为策略反应加权税负、地区的相对市场规模、相对劳动力投入规模和相对科技水平；α 为截距项；ε_{it}表示残差项。

（模型 1）的核心解释变量为相对实际税负的策略反应变量，β_1 体现其他地区税收行为对样本地区的影响。若 β_1 为正，说明我国各省级行政区划间采取趋同化的税收竞争策略，存在地方政府间恶性的税收“逐底竞争”；若 β_1 为负，则说明我国各省级行政区划间采取差异化的税收竞争策略，不存在互相模仿的税收“逐底竞争”。

2. 加入产业集聚因素的空间计量模型

要研究产业集聚对地方政府税收竞争的影响，需要在模型中添加产业集聚因素的代理变量——工业基尼系数和经济的产出密度，分别体现各地区产业集聚的专业化水平和总量水平。在（模型 1）的基础上加入体现产业集聚因素的解释变量，构建（模型 2）观察产业集聚因素代理变量对地方政府税收竞争代理变量的影响，公式如下：

$$T_{it} = \alpha + \beta_1 \sum_{j=1,j\neq i}^{n-1} w\, T_{jt} + \gamma_1 S_{it} + \theta_1 Q_{it} + \delta_1 I_{it} + \delta_2 L_{it} + \delta_3 E_{it} + \varepsilon_{it}$$

（模型 2）

其中，工业基尼系数S_{it}为产业集聚地方化经济的代理变量，体现相同产业在空间上集中带来产业专业化的分工效应；经济产出密度Q_{it}是产业集聚城市化经济的代理变量，体现各种经济活动在空间上集中为生产要素带来的外部经济效应。若 γ_1 为正，说明产业集聚专业化水平较高的地区相对实际税负较高，可以理解为地方政府对产业集聚地方化经济带来的“集聚租”征税；若 γ_1 为负，则说明地方政府并未对专业化分工带来的“集聚租”征税。同理，若 θ_1 为正，说明产业集聚总量水平较高的地区相对实际税负较高，可以理解为地方政府对产业集聚城市化经济带来的“集聚租”征税，即在经济活动密集的地区征高税；若 θ_1 为负，则说明地方政府并未对经济总量集聚带来的“集聚租”征税。同时，还可以考察相对实际税负策略反应变量的系数在加入产业集聚因素变量后是否发生变化。

3. 引入虚拟变量分区域检验的空间计量模型

基于对产业集聚专业化水平和总量产出水平的测算，将我国 30 个省级行政区划分为高专业化低产出区、高专业化高产出区、低专业化低产出区和低专业化高产出区四类，考虑到产业集聚的程度和类型不同，地方政府的税收竞争行为也可能呈现出异质性，应当对各区域进行分类检验，考察在产业集聚程度和类型不同的区域地方政府税收竞争的策略。鉴于样本量和可比性的考虑，以高专业化高产出区域为基组，在有截距项的回归方程（模型 2）的基础上引入 3 个地区虚拟变量和地区税负策略反应变量交互项，构建（模型 3）对地方政府的税收竞争策略进行分区域检验。具体形式如下：

$$T_{it} = \alpha + \beta_1 \sum_{j=1,j\neq i}^{n-1} w\, T_{jt} + \gamma_1 S_{it} + \theta_1 Q_{it} + \beta_2 D_1 \sum_{j=1,j\neq i}^{n-1} w\, T_{jt} + \beta_3 D_2 \sum_{j=1,j\neq i}^{n-1} w\, T_{jt} + \beta_4 D_3 \sum_{j=1,j\neq i}^{n-1} w\, T_{jt} + \delta_1 I_{it} + \delta_2 L_{it} + \delta_3 E_{it} + \varepsilon_{it}$$

（模型 3）

其中，D_1代表低专业化高产出区，省级行政区划属于该分区时，D_1取 1，其他情况取0；D_2代表高专业化低产出区，省级行政区划属于该分区时，D_2取1，其他情况取0；D_3代表低专业化低产出区，省级行政区划属于该分区时，D_3取1，其他情况取0。β_2、β_3、β_4 代表其他地区的税收行为对相应分区内各省市税收行为的影响。若系数符号为正，说明该分区内省市采取与其他省市趋同的税收竞争策略，若系数符号为负，则说明该分区内各省级行政区划间采取差异化的税收竞争策略。另外，该模型中的 β_1 表示不再是全国层面的情况，而是作为基组的高专业化高产出区的税收竞争策略反应变量的系数。

同样地，以高专业化高产出区为基组，引入3个地区虚拟变量和产业集聚专业化水平变量的交互项，构建（模型4）考察地方政府在不同区域对产业专业化“集聚租”征税行为的差异。具体形式如下：

$$T_{it} = \alpha + \beta_1 \sum_{j=1,j\neq i}^{n-1} w\, T_{jt} + \gamma_1 S_{it} + \theta_1 Q_{it} + \gamma_2 D_1 S_{it} + \gamma_3 D_2 S_{it} + \gamma_4 D_3 S_{it} + \delta_1 I_{it} + \delta_2 L_{it} + \delta_3 E_{it} + \varepsilon_{it} \quad \text{（模型4）}$$

其中，D_1、D_2和D_3仍分别代表低专业化高产出、高专业化低产出和低专业化低产出区域。γ_2、γ_3、γ_4 分别代表上述3个地区地方政府对专业化“集聚租”征税的情况，若符号为正，则说明地方政府已经开始对产业集聚地方化经济带来的集聚租征税；若符号为负，则说明该地区地方政府并未对专业化“集聚租”征税。（模型4）中的 γ_1 代表的是高专业化高产出区域对专业化“集聚租”征税的情况。

再以高专业化高产出区为基组，引入3个地区虚拟变量和总量集聚水平变量的交互项，构建（模型5）考察地方政府在不同区域对产业集聚城市化经济“集聚租”征税行为的差异。具体形式如下：

$$T_{it} = \alpha + \beta_1 \sum_{j=1,j\neq i}^{n-1} w\, T_{jt} + \gamma_1 S_{it} + \theta_1 Q_{it} + \theta_2 D_1 Q_{it} + \theta_3 D_2 Q_{it} + \theta_4 D_3 Q_{it} + \delta_1 I_{it} + \delta_2 L_{it} + \delta_3 E_{it} + \varepsilon_{it} \quad \text{（模型5）}$$

其中，D_1、D_2和D_3仍分别代表低专业化高产出、高专业化低产出和低专业化低产出区域。θ_2、θ_3、θ_4 分别代表上述3个地区地方政府对城市化经济“集聚租”征税的情况：若符号为正，则说明地方政府已经对产业集聚城市化经济带来的集聚租征税；若符号为负，则说明该地区地方政府并未对城市化经济“集聚租”征税。（模型5）中的 θ_1 代表的是高专业化高产出区域对城市化经济“集聚租”征税的情况。

三、区域性总税负层面的模型估计与结果分析

在进行面板回归之前对模型进行 Hausman 检验，结果显示应使用固定效应模型。首先，以各省市区域性总税负的相对强度作为被解释变量分别使用（模型1）（模型2）（模型3）（模型4）和（模型5）进行回归，结果如表 3 - 1 所示。

表 3 - 1　区域性总税负层面模型估计结果

系数	（模型 1）	（模型 2）	（模型 3）	（模型 4）	（模型 5）
β_1	- 0. 799*** (0. 227)	- 1. 216*** (0. 248)	- 1. 027*** (0. 261)	- 1. 107*** (0. 254)	- 1. 174*** (0. 245)
γ_1		0. 544*** (0. 153)	0. 355** (0. 173)	0. 489*** (0. 172)	0. 371** (0. 159)
θ_1		0. 0124*** (0. 00300)	0. 0117*** (0. 00307)	0. 0119*** (0. 00305)	0. 0131*** (0. 00312)
δ_1	0. 330** (0. 138)	0. 396*** (0. 102)	0. 425*** (0. 107)	0. 416*** (0. 110)	0. 410*** (0. 104)
δ_2	0. 0605* (0. 0358)	- 0. 00635 (0. 0277)	0. 00741 (0. 0293)	0. 00114 (0. 0290)	0. 00685 (0. 0283)
δ_3	0. 0253** (0. 0123)	0. 0375*** (0. 0101)	0. 0322*** (0. 0105)	0. 0335*** (0. 0104)	0. 0346*** (0. 0105)
β_2			- 0. 161** (0. 0769)		
β_3			- 0. 0368 (0. 0780)		
β_4			- 0. 108 (0. 103)		
γ_2				- 0. 257* (0. 141)	
γ_3				- 0. 0800 (0. 120)	

续表

系数	（模型 1）	（模型 2）	（模型 3）	（模型 4）	（模型 5）
γ_4				-0.0641 (0.182)	
θ_2					-0.0216*** (0.00811)
θ_3					0.0175 (0.114)
θ_4					-0.195* (0.104)
α	1.388*** (0.271)	1.438*** (0.262)	1.397*** (0.264)	1.397*** (0.265)	1.513*** (0.267)
样本量	300	300	300	300	300
R^2	0.518	0.772	0.797	0.799	0.782
地区个数	30	30	30	30	30

注：***、**、*分别代表 1%、5% 和 10% 的显著性水平。括号里的数字代表 t 统计量。

由（模型 1）回归结果可知，区域相对实际总税负的策略反应变量系数 β_1 显著为负，说明特定省市的相对实际税负与竞争省市的加权相对实际税负反向变化，并不趋同，可以认为各省级行政区划间采取差异化的税收竞争策略，我国现阶段已经脱离了税收“逐底竞争”的阶段，不再争相降税吸引生产要素流入。3 个控制变量的系数均在 10% 以上的显著性水平上通过检验且均为正，说明市场规模、劳动力投入和科技水平对地区实际税负具有促进作用，市场规模大、劳动力密集和科技水平高的地方，税负会更高，且 3 个控制变量中市场规模的代理变量系数最大，对地区相对实际税负的推动作用最明显。但该模型的 R^2 偏低，结论有待进一步检验。

由于（模型 1）的 R^2 较低，关注（模型 2）中税负策略反应变量的系数 β_1，发现该变量系数符号仍显著为负，且（模型 2）的 R^2 为 77.2%，对相对实际税负的解释程度较（模型 1）已经显著提高，故可以认为我国各省市之间的税收竞争已经不再单纯追求“逐底”。产业集聚专业化程度和总量集聚变量系数 γ_1、θ_1 符号显著为正，说明产业集聚程度越高的地区相对实际税负越高，可以认为我国各地方政府已经开始对“集聚租”征税，可以佐证了地方政府已经脱离“逐底”

税收竞争的结论。控制变量上，市场规模变量和科技水平变量系数 δ_1、δ_3 显著为正，且显著性水平较（模型 1）更优。劳动力变量系数 δ_3 符号为负，但不显著。

（模型 3）加入虚拟变量和税负反应策略的交互项，对我国 4 个产业集聚分区的税收竞争策略进行检验，结果显示，两个产业集聚代理变量的系数 γ_1、θ_1 仍显著为正，表明我国地方政府已经开始对“集聚租”征税。从产业集聚分区上考察产业集聚对地方政府税收竞争的影响，代表高专业化高产出区和低专业化高产出区的地方政府税负反应变量系数 β_1、β_2 分别在 1% 和 5% 的显著性水平下为负，而代表高专业化低产出和低专业化低产出区的税负反应变量系数 β_3、β_4 不显著，说明产业集聚的程度和类型对地方政府的税收竞争策略产生了较明显的影响。在专业化水平和总量集聚水平不同的区域，地方政府的税收竞争行为具有异质性：高专业化高产出区和低专业化高产出区的地方政府不再模仿竞争省区的税收行为，而是采取差异化的税收竞争策略；而在高专业化低产出区和低专业化低产出区，这种情况并不明显，在这两种区域内，地方政府的税收竞争策略有可能还处于“逐底竞争”的状态。结合（模型 1）和（模型 2）来看，全国层面的税收策略反应变量系数 β_1 显著为负，这种负向反应主要来源于高专业化高产出区和低专业化高产出区的省份。因此，不能认为全国层面地方政府的税收竞争都已经脱离了“逐底”竞争的状态。就产业集聚两种因子来看，采取差异化策略的省份集中在“高产出”区域，说明经济总量集聚为地方政府税收竞争的差异化提供了基础。

（模型 4）加入虚拟变量和产业集聚专业化水平变量的交互项分区检验我国产业集聚程度和类型不同的区域对地方化经济“集聚租”的征税情况。高专业化高产出区和低专业化高产出区的交互项系数 γ_1、γ_2 分别在 1% 和 10% 的显著性水平上通过检验，而代表高专业化低产出区和低专业化低产出区的交互项系数未通过显著性水平检验。γ_1 为正，γ_2 为负，可以认为高专业化高产出区的地方政府已经对专业化“集聚租”征税，低专业化高产出区的地方政府未对产业专业化带来的“集聚租”征税。

（模型 5）加入虚拟变量和产业集聚总量水平的交互项分区检验我国产业集聚程度和类型不同的区域对城市化经济“集聚租”的征税情况。高专业化高产出区、低专业化高产出区和低专业化低产出区的交互项系数 θ_1、θ_2、θ_4 在 1%、1% 和 10% 的显著性水平上通过了检验，而代表高专业化低产出区域的交互项系数未通过显著性水平检验。θ_1 显著为正，θ_2、θ_4 显著为负，可以认为高专业化高产出区的地方政府已经对城市化经济带来的“集聚租”征税，而低专业化高产出区和低专业化低产出区的地方政府未对城市化经济带来的“集聚租”征税。

由（模型4）和（模型5）的检验结果可知，（模型2）和（模型3）中全国层面的S_{it}和Q_{it}的系数显著为正，主要来源于高专业化高产出区域，其他分区的检验结果显示为未对“集聚租”征税或系数未显著性水平检验。因此，不能由（模型1）和（模型2）的结果片面地认为全国范围内的地方政府都已经对产业集聚带来的“集聚租”征税。

综上，在产业集聚类型不同的地区，地方政府的税收竞争行为呈现出明显的差异化特征。高产出区域内省市的相对实际税负已经不再和其他省份同高同低，税收竞争正在脱离“逐底”竞争状态；而在对产业集聚带来的“集聚租”征税方面，只有高专业化高产出区域对“集聚租”征税，其他分区的地方政府并未对“集聚租”征税。

本书研究的是产业集聚对地方政府税收竞争的影响，侧重于单向影响，但考虑到产业集聚和地方政府税收竞争可能存在双向因果关系，影响模型估计的准确性，以滞后一期的关键解释变量“工业基尼系数”和“经济产出密度指数”作为工具变量对（模型2）（模型4）和（模型5）的估计结果进行稳健性检验，检验结果如表3－2所示。

表3－2　区域性总税负层面实证分析的稳健性检验结果

系数	（模型2）	（模型4）	（模型5）
β_1	－0.844*** （0.315）	－0.792** （0.314）	－0.869*** （0.310）
γ_1	0.322*** （0.0981）	0.252** （0.110）	0.217** （0.103）
θ_1	0.0107*** （0.00300）	0.00993*** （0.00303）	0.0109*** （0.00311）
δ_1	0.412*** （0.103）	0.445*** （0.110）	0.417*** （0.104）
δ_2	0.00123 （0.0288）	0.0103 （0.0301）	0.0109 （0.0294）

续表

系数	（模型2）	（模型4）	（模型5）
δ_3	0.0409*** (0.0107)	0.0361*** (0.0109)	0.0399*** (0.0111)
γ_2		−0.193** (0.0835)	
γ_3		−0.0465 (0.0690)	
γ_4		−0.107 (0.106)	
θ_2			−0.0203** (0.00844)
θ_3			−0.0101 (0.122)
θ_4			−0.222** (0.109)
α	1.029*** (0.349)	1.094*** (0.350)	1.196*** (0.353)
样本量	300	300	300
R^2	0.781	0.778	0.765
地区个数	30	30	30

注：***、** 分别代表1%、5%的显著性水平。括号里的数字代表 t 统计量。

由表3－2可知，稳健性检验的结果与模型估计的结果基本一致，关键解释变量系数的显著性和符号都未发生实质性改变。（模型2）中，产业集聚专业化程度和总量集聚代理变量系数 γ_1、θ_1 符号均显著为正，说明产业集聚程度越高的地区相对实际税负越高，可以认为我国各地方政府已经开始对“集聚租”征税；加入分区虚拟变量和产业集聚专业化水平变量交互项的（模型4）中，高专业化高产出区和低专业化高产出区的交互项系数 γ_1、γ_2 均在5%的显著性水平上通过检验，而代表高专业化低产出区和低专业化低产出区域的交互项系数未通过显著性水平检验，与模型估计结果一致。γ_1 为正，γ_2 为负，可以认为高专业化高产出区的地方政府已经对专业化“集聚租”征税，低专业化高产出区的地方政府未对产业专业化带来的“集聚租”征税；加入分区虚拟变量和产业集聚总量水平交互项的（模型5）的稳健性检验结果也与估计结果一致，说明基于省级区域性税负层面的实证分析模型构建合理，估计结果有效。

四、分税种税负层面的模型估计与结果分析

为了更深入地探讨地方政府利用税收手段进行竞争的侧重点，本部分使用相同的模型和方法对产业集聚分区不同的地方政府的税收竞争行为进行税种层面的检验。主要选取企业所得税、个人所得税、增值税和财产税作为检验的对象，其中，企业所得税和个人所得税属于所得税的范畴，分别作用于生产要素中的资本和劳动力，是中央和地方共享税；增值税是流转税，对增值额征收，也属于中央和地方共享税；而财产税由地区的房产税、契税、车船税、城镇土地使用税、耕地占用税和土地增值税加总得到，全部为地方税税收收入。通过对以上不同性质税种的检验可以得到产业集聚对地方政府税收竞争的影响在不同税种上表现的差异性。

（一）企业所得税税负角度的检验结果

将区域性总税负层面回归模型中的被解释变量——区域的相对实际总税负替换为区域企业所得税相对实际税负，分别使用（模型1）（模型2）（模型3）（模型4）和（模型5）进行回归，结果如表3-3所示。

表3-3　区域性企业所得税税负层面模型估计结果

系数	（模型1）	（模型2）	（模型3）	（模型4）	（模型5）
β_1	-0.318 (0.215)	-0.671*** (0.206)	-0.546** (0.232)	-0.588*** (0.214)	-0.639*** (0.206)
γ_1		1.489*** (0.242)	1.380*** (0.295)	1.463*** (0.278)	1.291*** (0.257)
θ_1		0.0234*** (0.00427)	0.0224*** (0.00446)	0.0225*** (0.00434)	0.0243*** (0.00431)
δ_1	1.439*** (0.157)	1.047*** (0.163)	1.033*** (0.172)	1.034*** (0.173)	1.095*** (0.166)

续表

系数	（模型 1）	（模型 2）	（模型 3）	（模型 4）	（模型 5）
δ_2	-0.0454 (0.0484)	0.00503 (0.0430)	0.00132 (0.0459)	-0.00151 (0.0450)	0.0113 (0.0438)
δ_3	0.0921*** (0.0164)	0.0767*** (0.0146)	0.0703*** (0.0154)	0.0708*** (0.0151)	0.0712*** (0.0149)
β_2			-0.108 (0.0997)		
β_3			-0.117 (0.0958)		
β_4			-0.0697 (0.128)		
γ_2				-0.295 (0.194)	
γ_3				-0.234 (0.155)	
γ_4				-0.185 (0.243)	
θ_2					-0.0267** (0.0105)
θ_3					-0.0531 (0.152)
θ_4					-0.117 (0.133)
α	-0.0870 (0.282)	-0.301 (0.284)	-0.261 (0.289)	-0.247 (0.288)	-0.219 (0.295)
样本量	300	300	300	300	300
R^2	0.811	0.929	0.926	0.928	0.934
地区个数	30	30	30	30	30

注：***、**分别代表1%、5%的显著性水平。括号里的数字代表 t 统计量。

区域企业所得税相对实际税负层面的回归结果大致与总税负层面回归结果相同，但（模型1）中，各省市的税负策略反应变量系数 β_1 未通过显著性检验。（模型2）的策略反应变量系数 β_1 在1%显著性水平上为负，说明各省市之间存在差异性的税收竞争策略。（模型3）的分区检验结果则显示，各省市间差异化的税收竞争策略主要来源于产业集聚分区中的高专业化高产出区，其他地区的税负策略反应变量系数未通过显著性检验，说明产业集聚专业化程度和经济产出密度都较高的地区在税收竞争中具备主动权，更有机会根据自身的情况选择不同的税收竞争策略。

产业集聚专业化水平和总量集聚水平变量的系数 γ_1、θ_1 在（模型2）和（模型3）中均显著为正，说明我国产业集聚水平越高的区域，企业所得税相对实际税负越高。结合（模型4）和（模型5）可知，这种显著的正向关系全部来源于高专业化高产出地区，其他分区的检验结果均为未对“集聚租”征税或交互项系数未通过显著性水平检验。

从企业所得税税负层面的检验结果可知，我国高专业化高产出区的地方政府已经利用企业所得税在集聚区域对“集聚租”征税，且该分区的税收竞争已经脱离了趋同的“逐底”竞争阶段，呈现出差异化的状态，而在其他分区并未发现类似的情况。

（二）个人所得税税负角度的检验结果

以区域个人所得税的相对实际税负作为被解释变量，使用（模型1）（模型2）（模型3）（模型4）和（模型5）进行回归，结果如表3－4所示。

表3－4　　区域个人所得税税负层面模型估计结果

系数	（模型1）	（模型2）	（模型3）	（模型4）	（模型5）
β_1	−2.912*** （0.553）	−1.871*** （0.531）	−1.690*** （0.533）	−1.745*** （0.519）	−1.703*** （0.523）
γ_1		2.457*** （0.331）	2.175*** （0.375）	2.270*** （0.365）	2.345*** （0.347）
θ_1		0.00521 （0.00610）	0.00337 （0.00629）	0.00157 （0.00634）	0.00524 （0.00637）
δ_1	1.828*** （0.205）	1.849*** （0.220）	1.941*** （0.229）	1.940*** （0.235）	1.865*** （0.225）
δ_2	0.0213 （0.0628）	0.0951 （0.0589）	0.131** （0.0633）	0.134** （0.0622）	0.106* （0.0608）

续表

系数	（模型 1）	（模型 2）	（模型 3）	（模型 4）	（模型 5）
δ_3	0.0274 (0.0213)	0.0285 (0.0206)	0.0134 (0.0216)	0.00649 (0.0217)	0.0137 (0.0215)
β_2			−0.261* (0.141)		
β_3			−0.0439 (0.142)		
β_4			0.0161 (0.188)		
γ_2				−0.809*** (0.278)	
γ_3				−0.203 (0.238)	
γ_4				−0.300 (0.364)	
θ_2					−0.0327** (0.0160)
θ_3					−0.388* (0.227)
θ_4					0.0275 (0.203)
α	2.272*** (0.640)	−0.302 (0.686)	−0.332 (0.688)	−0.243 (0.681)	−0.341 (0.680)
样本量	300	300	300	300	300
R^2	0.784	0.842	0.826	0.798	0.837
地区个数	30	30	30	30	30

注：***、**、*分别代表1%、5%和10%的显著性水平。括号里的数字代表 t 统计量。

地区个人所得税税负层面的回归结果与总税负和企业所得税税负层面的检验结果相比具有差异性。从区域税负策略反应变量的系数 β_1 看，（模型 1）和（模型 2）中的税负策略反应变量系数均显著为负，说明各省市在个人所得税层面的税收竞争存在差异化状态，（模型 3）分区检验的结果佐证了这一结论：在产业集聚的高专业化高产出区和低专业化高产出区，策略反应变量系数 β_1 和 β_2 显著为负，且分别在 1% 和 10% 的显著性水平上通过检验，说明高产出区域内各省市在个人所得税上的竞争不趋同，并没有以低税负吸引劳动生产要素流入。但在低产出区域，税收竞争的策略反应变量系数未通过显著性检验。高产出区域的个人所得税纳税人可能具备更高的职业技能和收入，且依赖于高产出区域获得相对低产出区域更高的工资收入，使得该地区的个人所得税税源相对充足，有机会选择差异化的税收竞争策略。产业集聚代理变量中专业化水平变量的系数 γ_1 显著为正，说明专业化集聚明显的地区，个人所得税税负相对处于较高水平，地方政府有通过个人所得税对“集聚租”征税的倾向。从产业集聚专业化水平变量的分区检验结果看，这种利用个人所得税对“集聚租”征税的趋势主要来源于高专业化高产出区域，其他区域的表现是未对专业化带来的“集聚租”征税或交互项系数未通过显著性水平检验。控制变量上，市场规模代理变量城镇居民可支配收入相对水平系数 δ_1 在 5 个模型中都显著为正，符合个人所得税按累进税率征收的特征。而劳动力投入变量系数也均为正，但仅在（模型 3）中通过了显著性检验。

从个人所得税税负层面的检验结果可知，我国高专业化高产出区的地方政府已经利用个人所得税在集聚区域对“集聚租”征税，且该分区的税收竞争已经脱离了趋同的“逐底”竞争阶段，呈现出差异化的状态。低专业化高产出区域地方政府的税收竞争虽呈现出差异化状态，但并未对地方化经济和城市化经济带来的“集聚租”征税。而在其他两个分区并未发现类似的情况。

（三）增值税税负角度的检验结果

以区域增值税的相对实际税负作为被解释变量，使用（模型 1）（模型 2）（模型 3）（模型 4）和（模型 5）进行回归，回归结果如表 3－5 所示。

表 3－5　　区域增值税税负层面模型估计结果

系数	（模型 1）	（模型 2）	（模型 3）	（模型 4）	（模型 5）
β_1	－4.815*** （0.725）	－2.766*** （0.741）	－2.724*** （0.746）	－2.758*** （0.744）	－2.619*** （0.740）
γ_1		2.050*** （0.319）	2.061*** （0.420）	1.870*** （0.393）	2.133*** （0.350）

续表

系数	（模型 1）	（模型 2）	（模型 3）	（模型 4）	（模型 5）
θ_1		0. 00450 （0. 00467）	0. 00423 （0. 00488）	0. 00104 （0. 00516）	0. 00375 （0. 00488）
δ_1	0. 884 *** （0. 165）	0. 967 *** （0. 200）	1. 051 *** （0. 210）	1. 079 *** （0. 220）	1. 035 *** （0. 212）
δ_2	－0. 0365 （0. 0503）	0. 0771 （0. 0512）	0. 0998 * （0. 0549）	0. 0993 * （0. 0564）	0. 0851 （0. 0537）
δ_3	－0. 0352 ** （0. 0167）	－0. 0556 *** （0. 0162）	－0. 0591 *** （0. 0171）	－0. 0693 *** （0. 0182）	－0. 0634 *** （0. 0173）
β_2			－0. 0001 （0. 113）*		
β_3			0. 0883 （0. 102）		
β_4			0. 132 （0. 140）		
γ_2				－0. 300 （0. 227）	
γ_3				－0. 0479 （0. 175）	
γ_3				－0. 0727 （0. 279）	
β_2					－0. 00611 （0. 0115）
β_3					－0. 0758 （0. 167）
β_4					0. 138 （0. 144）
α	5. 061 *** （0. 766）	1. 677 * （0. 881）	1. 490 （0. 925）	1. 727 * （0. 918）	1. 428 （0. 892）
样本量	270	270	270	270	270
R^2	0. 574	0. 680	0. 688	0. 606	0. 671
地区个数	30	30	30	30	30

注：***、**、* 分别代表 1%、5% 和 10% 的显著性水平。括号里的数字代表 t 统计量。

增值税税负层面的模型估计使用的是我国30个省级行政区划2007～2015年的面板数据。由于“营改增”于2016年5月1日起全面推开，2016年各省份的增值税税额突增，为剔除税制改革带来的突发性影响，未将2016年的数据纳入回归估计。

由增值税相对实际税负的回归结果可知，前两种模型下的税负策略反应变量系数β_1均显著为负，（模型3）中高专业化高产出区税负策略反应变量系数β_1显著为负，其他3类产业集聚区域的税负策略反应变量系数β_2、β_3、β_4均未通过显著性检验，故可以认为，产业集聚专业化和总量水平均较高的地区在增值税层面倾向于采取差异化的税收竞争策略，不进行税收模仿。而产业集聚代理变量中的专业化水平系数γ_1在（模型2）和（模型3）中均显著为正，说明我国地方政府存在通过增值税对同类产业集中地区的“集聚租”征税的倾向。通过（模型4）和（模型5）进一步看分区回归的结果，发现这种对地方化经济“集聚租”征税的趋势主要体现在高专业化高产量区，其他分区的检验结果不显著。

因此，从增值税税负层面的检验可知，我国高专业化高产出区域的地方政府已经开始对“集聚租”征税，并在税收竞争策略上实现了差异化。

（四）财产税税负角度的检验结果

本书所指的地区财产税包括房产税、契税、土地增值税、城镇土地使用税、耕地占用税和车船税六个地方税税种。由构成财产税的税种可知，地区的财产税税负与房地产市场密切相关，因此，在以区域的财产税税负为被解释变量做回归时，再引入建筑业总产值占地区生产总值比重的相对水平作为解释变量，分别使用（模型1）（模型2）（模型3）（模型4）和（模型5）进行回归，新加入解释变量的系数为δ_4，回归结果如表3－6所示。

表3－6　　区域财产税税负层面模型估计结果

系数	（模型1）	（模型2）	（模型3）	（模型4）	（模型5）
β_1	－0.344 （0.215）	－0.155 （0.218）	－0.0252 （0.243）	－0.127 （0.227）	－0.0991 （0.216）
γ_1		－1.120*** （0.318）	－1.139*** （0.368）	－0.991*** （0.347）	－1.368*** （0.335）

续表

系数	（模型 1）	（模型 2）	（模型 3）	（模型 4）	（模型 5）
θ_1		0.00513 （0.00575）	0.00343 （0.00554）	0.00347 （0.00536）	0.00587 （0.00602）
δ_1	0.530*** （0.178）	0.417** （0.210）	0.319 （0.217）	0.352 （0.216）	0.491** （0.216）
δ_2	-0.109** （0.0550）	-0.136** （0.0561）	-0.161*** （0.0567）	-0.157*** （0.0558）	-0.114** （0.0579）
δ_3	0.0390** （0.0187）	0.0360* （0.0198）	0.0321 （0.0195）	0.0305 （0.0190）	0.0356* （0.0207）
δ_4	0.198** （0.0819）	0.167** （0.0823）	0.141* （0.0809）	0.131 （0.0806）	0.194** （0.0835）
β_2			-0.114 （0.123）		
β_3			-0.241 （0.119）		
β_4			-0.262 （0.159）		
γ_2				-0.284 （0.234）	
γ_3				-0.369* （0.189）	
γ_4				-0.448 （0.295）	
θ_2					-0.0183 （0.0151）
θ_3					0.400 （0.217）
θ_4					-0.244 （0.193）
α	0.720** （0.293）	1.292*** （0.336）	1.490 （0.925）	1.456*** （0.339）	1.254*** （0.360）
样本量	300	300	300	300	300
R^2	0.453	0.532	0.515	0.574	0.525
地区个数	30	30	30	30	30

注：***、**、*分别代表1%、5%和10%的显著性水平。括号里的数字代表 t 统计量。

地区财产税税负层面的回归结果与地区总税负和地区其他税种税负层面的检验结果差别较大，5 个模型中地区财产税税负的策略反应变量的系数 β_1 虽均为负数，但全部未通过显著性检验。（模型3）（模型4）和（模型5）中产业集聚专业化水平变量系数全部为负值且大部分通过了显著性水平检验，说明专业化水平越高的地方，财产税税负强度反而偏低；而产业集聚总量水平变量的系数大部分未通过显著性检验，说明总量产出水平对地方政府财产税层面的税收竞争影响效果不明显。地方政府并未在财产税层面表现出对产业集聚区域“集聚租”征税的倾向。产业专业化水平变量系数在全国层面和高专业化高产出及高专业化低产出区域均显著为负尤其值得关注，可以理解为地方政府不仅未在财产税层面对集聚区加大征税力度，反而有降税吸引集聚的趋势，导致在同类产业越集中的地区，财产税税负强度越弱。控制变量方面，（模型1）和（模型2）和（模型5）中，地区居民可支配收入相对水平、科技相对水平和新加入变量建筑业规模的相对水平对财产税税负的反应方向均为正，符合现实逻辑。而劳动力投入规模相对水平系数显著为负，结合各省份财产税税负的现状可以发现，人口稠密的中部省份，如湖北、湖南、河南、河北等省份的财产税税负绝对水平均较低，可能是导致统计上地区劳动力规模相对水平与地区财产税税负强度负相关状态的原因。

第二节　基于地区企业税负的实证分析

本节使用各省级行政区划上市公司近 10 年的企业税负数据，从微观税负的角度对产业集聚影响地方政府税收竞争的情况进行检验。

一、变量选取与数据来源

（一）变量的选取

1. 体现地方政府税收竞争的变量（τ_{ijt}）。企业是市场经济中自主决策，自负盈亏的微观主体，也是地方政府进行税收竞争的直接作用对象，在基于地区企业税负的实证分析中，以上市公司利润表中的所得税费用占营业收入的比重作为各省级行政区划微观税负的衡量指标，用以代理各地方政府的税收竞争情况，计算公式如下：

$$\tau_{ijt} = \frac{tax_{ijt}}{inc_{ijt}} \tag{3-8}$$

其中，τ_{ijt}表示i省份j企业t年的所得税税负，作为该省份地方政府税收竞争在微观层面的代理变量。tax_{ijt}表示i省份j企业t年的所得税费用；inc_{ijt}表示i省份j企业t年的营业收入。

2. 体现产业集聚因素的变量（S_{it}、Q_{it}）。在基于地区企业税负的实证分析中，仍然以工业基尼系数和经济产出密度指数作为体现产业集聚因素的解释变量。需要注意的是，工业基尼系数与经济产出密度指数以省级行政区划为计算单位，当企业同属于某省级行政区划时，其当年的产业集聚变量取值是相同的。

（1）体现产业集聚专业化水平的变量。体现产业集聚专业化水平的变量是工业基尼系数，计算方法如下：

$$S_{it} = \frac{1}{2n^2\mu}\sum_{j=1,k=1}^{n} |X_{ijt} - X_{ikt}| \tag{3-9}$$

公式中字母指代的内容见第二章，此处不再赘述。

（2）体现产业集聚总量水平的指标。体现产业集聚总量水平的指标为经济产出密度，计算方法如下：

$$Q_{it} = \frac{\dfrac{gdp_{it}}{\sum_{i=1}^{m} gdp_{it}}}{\dfrac{A_i}{\sum_{i=1}^{m} A_i}} \tag{3-10}$$

3. 控制变量的选取（cap_{ijt}、tur_{ijt}、ret_{ijt}）。在基于地区企业税负的实证分析中，引入企业特征变量作为控制变量，从企业的资本结构、营运能力和盈利能力三个方面考虑，选择企业的资本负债率、总资产周转率和营业收入净利率作为微观税负层面实证分析的控制变量。

（1）资本负债率。资本负债率代表企业的资本结构特征，体现企业的财务杠杆，计算方法如下：

$$cap_{ijt} = \frac{lia_{ijt}}{ass_{ijt}} \tag{3-11}$$

其中，cap_{ijt}指 i 省份 j 企业 t 年的资产负债率；lia_{ijt}表示 i 省份 j 企业 t 年的总负债；ass_{ijt}表示 i 省份 j 企业 t 年的总资产。

（2）总资产周转率。总资产周转率代表企业的营运能力特征，体现企业的流动性，计算方法如下：

$$tur_{ijt} = \frac{inc_{ijt}}{ass_{ijt}} \tag{3-12}$$

其中，tur_{ijt}指 i 省份 j 企业 t 年的总资产周转率；inc_{ijt}表示 i 省份 j 企业 t 年的营业收入；ass_{ijt}表示 i 省份 j 企业 t 年的总资产。

（3）营业收入净利率。营业收入净利率代表企业的盈利能力特征，体现企业的经营成果，计算方法如下：

$$ret_{ijt} = \frac{pro_{ijt}}{inc_{ijt}} \tag{3-13}$$

其中，ret_{ijt}指 i 省份 j 企业 t 年的营业收入净利率；pro_{ijt}表示 i 省份 j 企业 t 年的净利润；inc_{ijt}表示 i 省份 j 企业 t 年的营业收入。

（二）数据来源

本书在基于地区企业税负的实证分析中使用的是我国 30 个省级行政区划近 10 年的 300 家上市公司数据，所有数据均来源于 Wind 金融数据库。选取的企业样本均为属于第二章中测算工业基尼系数的 27 个二位数行业的工业或制造业上市公司。用于计算变量的各项基础数据来源于上市公司公开披露的年度报告，为排除异常值，对企业样本进行筛选，且选取的样本均为 2007 年之前已经上市的企业以保证样本的连续性。

二、计量模型的构建

基于企业税负层面的实证分析以微观企业税负τ_{ijt}为被解释变量，以代表产业集聚地方化经济和城市化经济的工业基尼系数S_{it}和经济产出密度指数Q_{it}为核心解释变量，以资本负债率cap_{ijt}、总资产周转率tur_{ijt}和营业收入净利率ret_{ijt}为控制变量，构建计量（模型6）如下：

$$\tau_{ijt} = \alpha + \beta_1 \cdot S_{it} + \theta_1 \cdot Q_{it} + \delta_1 \cdot cap_{ijt} + \delta_2 \cdot tur_{ijt} + \delta_3 \cdot ret_{ijt} + \varepsilon_{ijt} \quad \text{（模型6）}$$

（模型6）的被解释变量为企业税负，是地方政府税收竞争的代理变量，核心解释变量是代表产业集聚因素的S_{it}和Q_{it}，其系数β_1和θ_1反映产业集聚对地方政府税收竞争的影响。若β_1和θ_1为正数，说明产业集聚水平越高的地区，企业的税负越重，可以理解为地方政府对“集聚租”征税；若β_1和θ_1为负，说明产业集聚水平高的地区企业的税负反而低，政府未对“集聚租”征税，可能存在税收的“逐底”竞争，即地方政府以降低企业的实际税率为代价吸引生产要素流入。

考虑到产业集聚的程度和类型不同，地方政府的税收竞争行为可能呈现出异质性特征。基于对产业集聚专业化水平和总量产出水平的测算，将我国30个省级行政区划分为高专业化低产出区、高专业化高产出区、低专业化低产出区和低专业化高产出区四类。在基于地区企业税负的实证分析部分，同样对各产业集聚分区进行分类检验，比较在产业集聚程度和类型不同的区域地方政府税收竞争策略的差异。以产业集聚四类分区中的高专业化高产出区为基组，在有截距项的回归方程（模型6）的基础上引入3个地区虚拟变量和和产业集聚专业化水平变量的交互项，构建（模型7）考察地方政府在不同分区对产业专业化“集聚租”征税行为的差异。具体形式如下：

$$\begin{aligned}\tau_{ijt} = {} & \alpha + \beta_1 \cdot S_{it} + \theta_1 \cdot Q_{it} + \beta_2 \cdot D_1 \cdot S_{it} + \beta_3 \cdot D_2 \cdot S_{it} + \\ & \beta_4 \cdot D_3 \cdot S_{it} + \delta_1 \cdot cap_{ijt} + \delta_2 \cdot tur_{ijt} + \delta_3 \cdot ret_{ijt} + \varepsilon_{ijt} \quad \text{（模型7）}\end{aligned}$$

其中，D_1、D_2和D_3分别代表低专业化高产出区、高专业化低产出区和低专业化低产出区，省级行政区划属于上述分区时，其对应的虚拟变量取1，其他情况取0。β_2、β_3、β_4 分别代表上述3个地区地方政府对专业化“集聚租”征税的情况，若系数符号为正，则说明地方政府已经开始对产业集聚地方化经济带来的集聚租征税；若符号为负，则说明该地区地方政府并未对专业化“集聚租”征税。（模型7）中的 β_1 代表的是高专业化高产出区对专业化“集聚租”征税的情况。

同样地，以高专业化高产出区为基组，引入3个地区虚拟变量和总量集聚水平变量的交互项，构建模型8考察地方政府在不同区域对产业集聚城市化经济“集聚租”征税行为的差异。具体形式如下：

$$\tau_{ijt} = \alpha + \beta_1 \cdot S_{it} + \theta_1 \cdot Q_{it} + \theta_2 \cdot D_1 \cdot Q_{it} + \theta_3 \cdot D_2 \cdot Q_{it} + \theta_4 \cdot D_3 \cdot Q_{it} + \delta_1 \cdot cap_{ijt} + \delta_2 \cdot tur_{ijt} + \delta_3 \cdot ret_{ijt} + \varepsilon_{ijt} \quad \text{（模型 8）}$$

其中，D_1、D_2和D_3仍分别代表低专业化高产出区、高专业化低产出区和低专业化低产出区。θ_2、θ_3、θ_4 分别代表上述3个分区地方政府对城市化经济“集聚租”征税的情况：若符号为正，则说明地方政府已经对产业集聚城市化经济带来的集聚租征税；若符号为负，则说明该分区地方政府并未对城市化经济“集聚租”征税。（模型8）中的 θ_1 代表的是高专业化高产出区地方政府对城市化经济“集聚租”征税的情况。

三、模型估计与实证结果分析

分别使用（模型6）（模型7）和（模型8）对我国30个省级行政区划近10年300家工业制造业上市公司的平衡面板数据进行回归，结果如表3－7所示。

表3－7　　　　基于地区企业税负的模型估计结果

系数	（模型6）	（模型7）	（模型8）
β_1	0.0155*** （0.00548）	0.0551*** （0.0177）	0.0152** （0.00605）
θ_1	0.000104 （0.000109）	0.000211 （0.000441）	0.0000858 （0.000113）

续表

系数	（模型 6）	（模型 7）	（模型 8）
β_2		-0.0687** (0.0311)	
β_3		-0.0431* (0.0239)	
β_4		-0.0598** (0.0298)	
θ_2			-0.000344 (0.000356)
θ_3			-0.00809 (0.00513)
θ_4			-0.00264 (0.00450)
δ_1	-0.0125*** (0.00283)	-0.00802** (0.00321)	-0.0127*** (0.00284)
δ_2	-0.00147* (0.000854)	0.000478 (0.000917)	-0.00151* (0.000855)
δ_3	0.0239*** (0.00146)	0.0216*** (0.00149)	0.0239*** (0.00146)
α	0.0129** (0.00583)	0.00834 (0.0114)	0.0150** (0.00662)
样本量	3000	3000	3000
R^2	0.652	0.735	0.703
企业个数	300	300	300

注：***、**、*分别代表1%、5%和10%的显著性水平。括号里的数字代表 t 统计量。

（模型6）回归结果显示，β_1 符号为正且在1%的显著性水平下通过检验，可以认为地方政府已经根据产业集聚的专业化“集聚租”对企业征税。θ_1 符号为正但未通过显著性水平检验，说明在企业税负的微观层面，地方政府对城市化经济“集聚租”的征税倾向不明显。控制变量均通过了显著性检验，其中资产负债率和总资产周转率变量系数显著为负，营业收入净利率变量系数显著为正，说明负债率越高的企业的税收贡献率越低，与利息的税前扣除有关；总资产周转率越高的企业税负越低，可能与行业性质有关；营业收入净利率越高的企业税收贡献率越高，符合理想状况。

（模型7）是对产业集聚地方化经济的分区检验，结果显示在产业集聚类型不同的分区，地方政府的税收竞争行为存在异质性。高专业化高产出分区的系数 β_1 显著为正，而其他3个分区交互项系数 β_2、β_3、β_4 均显著为负，说明高专业化高产出分区地方政府存在对产业集聚专业化带来的“集聚租”征税的倾向，而其他3个分区地方政府未对产业集聚专业化带来的“集聚租”征税，且呈现专业化集聚水平越高，企业税负越低的状态，说明这些区域可能还存在降税吸引生产要素的税收“逐底”竞争。结合（模型6）来看，全国层面地方政府对产业集聚专业化“集聚租”征税的趋势全部来源于高专业化高产出区域。（模型6）和（模型7）中 β_1 系数的数量关系也可以佐证这一点。

（模型8）是对产业集聚城市化经济的分区检验，结果显示代表不同产业集聚类型分区的系数 θ_1、θ_2、θ_3、θ_4 均未通过显著性水平检验，但符号均为正，说明在企业税负的微观层面地方政府对产业集聚城市化经济带来的“集聚租”征税的倾向并不明显。代表产业集聚专业化程度的变量系数 β_1 仍显著为正，情况与（模型6）类似，控制变量方面的情况也与（模型6）基本相同。

与省级区域性总税负层面的实证检验类似，考虑到产业集聚和地方政府税收竞争可能存在双向因果关系，以滞后一期的核心解释变量“工业基尼系数”和“经济产出密度指数”作为工具变量对模型估计结果进行稳健性检验，结果如表3-8所示。

表3-8　　地区企业税负层面实证分析稳健性检验结果

系数	模型6	模型7	模型8
β_1	0.0133** (0.00572)	0.0558*** (0.0205)	0.0116* (0.00638)
θ_1	0.000106 (0.000110)	0.000306 (0.000446)	0.0000908 (0.000114)
β_2		-0.0212 (0.0382)	
β_3		-0.0750*** (0.0280)	

续表

系数	模型 6	模型 7	模型 8
β_4		-0.117*** (0.0346)	
θ_2			-0.000535 (0.000363)
θ_3			-0.00845 (0.00526)
θ_4			0.00461 (0.00457)
δ_1	-0.0000803*** (0.0000309)	-0.0000276 (0.0000362)	-0.0000839*** (0.0000309)
δ_2	-0.00191** (0.000871)	-0.0000448 (0.000938)	-0.00197** (0.000872)
δ_3	0.000309*** (0.0000187)	0.000284*** (0.0000193)	0.000309*** (0.0000187)
α	0.0125** (0.00608)	0.00702 (0.0137)	0.0165** (0.00694)
样本量	3000	3000	3000
R^2	0.671	0.637	0.604
企业个数	300	300	300

注：***、**、* 分别代表 1%、5% 和 10% 的显著性水平。括号里的数字代表 t 统计量。

稳健性检验的结果与模型估计结果高度一致，（模型 6）中，β_1 的符号显著为正，可以认为在全国层面，地方政府已经根据产业集聚的专业化“集聚租”对企业征税。θ_1 符号为正，但未通过显著性水平检验，说明地方政府对城市化经济“集聚租”征税的倾向不明显；（模型 7）中，高专业化高产出分区的交互项系数 β_1 显著为正，而其他 3 个分区交互项系数 β_2、β_3、β_4 均显著为负，说明高专业化高产出分区地方政府存在对产业集聚专业化带来的“集聚租”征税的倾向，而其他 3 个分区地方政府未对产业集聚专业化带来的“集聚租”征税，可能还存在着税收“逐底”竞争的情况；（模型 8）中，代表产业集聚类型不同分区的交互项系数 θ_1、θ_2、θ_3、θ_4 虽然符号为正，但均未通过显著性水平检验，与模型原来的估计结果一致。综上，基于地区企业税负层面的实证分析模型构建合理，估计结果有效。

第三节　实证分析结论

本章在实证分析部分分别从省级区域性税负和地区企业税负两个维度检验了产业集聚对地方政府税收竞争的影响。

中观税负层面，从省级区域性税负的检验结果看，产业集聚对地方政府的税收竞争行为产生了显著影响。产业集聚程度和类型不同的地区在税收竞争行为上呈现出异质性：仅高专业化高产出分区的地方政府在总税负、企业所得税、个人所得税和增值税税负上都不再与其他省区同高同低，脱离了税收“逐底竞争”的状态；而在产业集聚专业化水平和总量水平相对较低的其他分区未检验出明显的差异化税收竞争行为，这些地区可能还存在着趋同“竞次”的恶性税收竞争。

从省级区域性税负检验过程中产业集聚专业化水平变量和集聚总量水平变量系数的变动情况看，仅高专业化高产出区域地方政府表现出明显的对“集聚租”征税的倾向，低专业化高产出区地方政府仅在个别税种上呈现出对“集聚租”征税的趋势，在大部分税种上都未对“集聚租”征税，且存在集聚水平越高，税负强度越低的情况，可能是由于“政策租”带来的“虚假”产业集聚导致。高专业化低产出和低专业化低产出分区则未检验出明显的对“集聚租”征税现象。说明我国地方政府对“集聚租”征税的能力有限，对“集聚租”征税仅体现在部分集聚水平较高的区域。

从分税种层面看，高专业化高产出区域对“集聚租”征税主要体现在企业所得税、个人所得税和增值税这些中央和地方共享税上，而主要由地方管辖的财产税层面并没有表现出对“集聚租”征税的倾向，反而呈现出产业越集聚税负越低的状态，说明各地方政府在财产税上可能还存在税收“逐底”竞争的行为。

微观税负层面，地区企业税负维度的检验结果基本佐证了省级区域性税负维度的实证结论：在产业集聚专业化水平和总量水平均较高的地区，地方政府已经脱离了标准税收竞争理论中税收“逐底”竞争的状态，开始对产业集聚带来的“集聚租”征税，进而采取差异化的税收竞争策略。而产业集聚水平较低区域的地方政府未对“集聚租”征税，也未呈现出差异化的税收竞争状态。另外，我国高水平产业集聚区域地方政府对“集聚租”征税主要体现在企业所得税、个人所得税和增值税等中央和地方共享税上，在财产税层面未对“集聚租”征税，还未呈现出新经济地理学理论中差异化的税收竞争状态。

综上可知，我国的财政分权和市场经济体制改革为地方政府的税收竞争和产业在空间上的集聚提供了可能。产业集聚对我国地方政府的税收竞争行为的确产生了影响。在产业集聚专业化水平和总量水平均较高的地区，地方政府已经脱离了标准税收竞争理论中税收“逐底”竞争的状态，开始对产业集聚带来的“集聚租”征税，进而采取差异化的税收竞争策略。而产业集聚水平较低区域的地方政府未对“集聚租”征税，也未呈现出差异化的税收竞争状态。另外，我国高水平产业集聚区域地方政府对“集聚租”征税主要体现在企业所得税、个人所得税和增值税等中央和地方共享税上，在财产税层面未对“集聚租”征税，还未呈现出新经济地理学理论中差异化的税收竞争状态。

本章小结

本章分别从省级区域性税负和地区企业税负两个维度检验了产业集聚对地方政府税收竞争的影响。从省级区域性税负的检验结果看，产业集聚对地方政府的税收竞争行为产生了显著影响。产业集聚程度和类型不同的地区在税收竞争行为上呈现出异质性：仅高专业化高产出分区的地方政府在总税负、企业所得税、个人所得税和增值税税负上都不再与其他省区同高同低，脱离了税收“逐底竞争”的状态；而在产业集聚专业化水平和总量水平相对较低的其他分区未检验出明显的差异化税收竞争行为，这些地区可能还存在着趋同“竞次”的恶性税收竞争。从地区企业税负的检验结果看，在产业集聚专业化水平和总量水平均较高的地区，地方政府已经脱离了标准税收竞争理论中税收“逐底”竞争的状态，开始对产业集聚带来的“集聚租”征税，进而采取差异化的税收竞争策略。而产业集聚水平较低区域的地方政府未对“集聚租”征税，也未呈现出差异化的税收竞争状态。另外，我国高水平产业集聚区域的地方政府对“集聚租”征税主要体现在企业所得税、个人所得税和增值税等中央和地方共享税上，在财产税层面未对“集聚租”征税，还未呈现出新经济地理学理论中差异化的税收竞争状态。

第四章
产业集聚与税收竞争的非线性关系

第一节 研究设计

一、研究假设

产业转移是指企业顺应区域比较优势的变化，通过跨区域投资将部分或全部产业从原区域转移到优势区域的市场经济行为。企业追求利润最大化、产品市场需求变化、生产要素供给结构变化、区域经济结构变迁、地域文化和政府政策影响都是产业转移的动因。各地区通常会参照相关法律法规和税收政策标准推行各项税收优惠政策来吸引辖区外企业直接投资和跨区域贸易，因而税收作为促进资本流动的重要政策工具是影响产业转移不可或缺的重要因素。在产业集聚水平较低时期，区域内产业集聚程度较低，还未形成集聚优势，在贸易自由度较高且资本自由流动的前提下，要想吸引外资本到本辖区投资，提升招商引资竞争力，当地政府需要通过降低税率和提供税收优惠政策来吸引资本流入，那么在产业转移期实际税负与产业集聚负相关，即企业实际税负减轻，引起产业集聚水平提升；反之则引起产业集聚水平下降。

在产业转移的过程中，当一定数量的不同类型企业以及为这些企业配套的上下游企业、相关服务业为提高生产效率、降低交易和信息成本、增强企业竞争力而高度汇聚在一个适当大的区域范围内时，产业集聚随之形成。在某一地区形成产业集聚以后，区域内的企业会提高协作效率，对生产链分工细化，从而更容易获得配套的产品和服务，减少搜寻原料产品的成本和交易费用，这样就会产生“吸纳效应”，即采取集聚方式的地区经济竞争力显著高于没有采取这种方式的地区，就会吸引其他地区的企业向产业集聚地区实行产业转移。因此，在产业集聚水平较高时，该区域可以凭借其集聚优势吸引资本流入，而不需要采取竞相降低税率的招商引资手段，那么产业集聚期实际税负与产业集聚之间存在正向作用关系，而随着产业集聚水平提升，区域内企业的实际税负也会水涨船高。

产业集聚与税收竞争的非线性关系在图4－1中体现得更为清楚，在N点左侧，我们称之为产业转移期，在此期间产业集聚水平较低，地方政府为吸引辖区外资本流入，会采取降低税率和提供大量税收优惠措施的税收竞争行为，因此随着税率降低，产业集聚水平逐渐提高；在N点右侧，我们称之为产业集聚期，此时产业集聚已经达到较高水平，地方政府可以凭借“集聚租”适当提高税率，因而随着产业集聚水平提升，税率也随之提高，综上本文提出假设1。此外，如果某一地区产业集聚与税收竞争的关系满足假设1，说明该地区的产业集聚水平已经突破极值点N，形成了可供政府提高税率的“集聚租”，同时也具备了摆脱恶性税收竞争的基础条件。

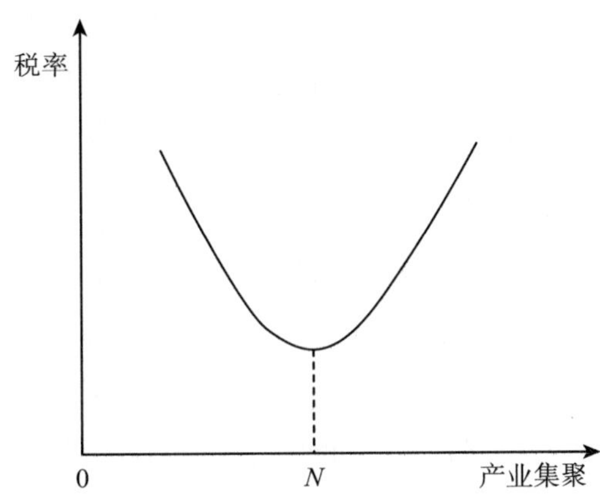

图4－1　产业集聚与税收竞争的非线性关系

假设1：地区实际税率与地区产业集聚之间存在非线性关系，在产业转移期，产业集聚水平与地区实际税率之间呈现负相关关系；在产业集聚期，产业集聚水平与地区实际税率之间呈现正相关关系。

由于东、中、西部三大地区的经济发展水平不一，东南沿海地区交通便利，贸易自由度较高，基础设施、生产设备及配套设施完善，区域内企业分工更为细化、合作更为紧密，使东部地区具有较高的产业外溢性和产业集聚优势，政府通过降低税收等优惠措施吸引外资的手段有所弱化。而中西部地区经济发展相对滞后于东部，产业集群起步较晚，仍然处于产业转移初期，需要通过各项税收优惠措施吸引外部资本流入。此外，根据前文第二章对各地区税收竞争和产业集聚的现状分析可知，省级区域性税负水平在各省市之间差异较大。省级区域性总税负的计算结果显示，上海和北京近10年的区域性总税负均值达到10%以上，而河南和湖南的区域性总税负均值在5%以下。区域性总税负较高的地区除北京、上海、浙江、广东、江苏等经济发达的省份外，海南、贵州、云南、新疆等省份的区域性总税负均值也高于全国平均水平，处于高位，而大多数位于中部地区的省份，如湖南、河南、湖北、安徽等省份的区域性总税负水平较低。在产业集聚方面，根据产业集聚的专业化水平和总量水平指标，我国30个省级行政区划可以被划分为四类区域：高专业化低产出区、高专业化高产出区、低专业化低产出区和低专业化高产出区，其中高专业化高产出区的专业化程度和经济产出密度均居全国之首，该类地区不但囊括了北京、上海、广州等发达地区，还包括湖北、重庆、河北；高专业化低产出区工业基尼系数较高，内部产业分布集中，具备几个明显的优势产业，但其他产业发展较差，经济的产出密度低，经济活动在总量上不集中，大部分西部省份都处于该区域；低专业化高产出区在产业层面发展较为均衡，大部分产业都达到了平均水平且在全国范围内也占据一定优势，虽然专业化程度未达到全国平均水平，但经济产出密度水平较高，被划分到该区域的省份大部分位于我国东中部地区；低专业化低产出区的产业集聚水平最低，地区内不具备个别产业优势，整体产业发展水平不高，经济活动也不集中，该区域包括广西、四川和陕西三个省份。综上说明我国地区间税收竞争的基础条件、实际税率和产业集聚水平存在较大差异，因而各地区间税收竞争与产业集聚的关系也不尽相同，由此提出假设2。

假设2：分析东部和中西部两大地区税收竞争与产业集聚的关系，税收竞争与产业集聚的关系存在显著的地区结构性差异，东部地区产业集聚与地区实际税率之间的非线性关系比中西部地区更为显著。

二、指标选取与模型构建

（一）指标选取

选取2008～2017年我国30个省份的相关省级面板数据分析税收竞争与产业集聚之间的数量关系，以期为政府制定差别化、精准化的税收改革方案提供有益参考。

1. 核心被解释变量选取。本节为更好地描摹各地方政府税负水平间的相对关系，体现横向税收竞争的实际情况，借鉴傅勇和张晏（2007）[①] 在研究财政分权对财政支出偏向的影响时构建的相对实际税负指标作为各地方政府税收竞争的代理变量对地方产业集聚和税收竞争的关系进行检验。具体的计算方法为：

$$Tax_{it} = \frac{tax_{it}/gdp_{it}}{1/n\left(\sum_{i=1}^{n} tax_{it}/gdp_{it}\right)} \tag{4-1}$$

其中，Tax_{it}表示i地区t年的相对实际税负，即i地区税负相对于t年全国地区平均税负水平的强度，若Tax_{it}大于1，说明i地区t年的税负强度高于全国平均水平；若Tax_{it}小于1，说明i地区t年的税负强度低于全国平均水平，可以理解为给各地区当年的税负水平赋值，税负水平越高，赋值越大。tax_{it}表示i地区t年的总税收收入；gdp_{it}代表i地区t年的地区生产总值；n为地区个数，指我国的省级行政区划个数，取值为30。

2. 核心解释变量选取。第二章中集中对衡量产业集聚专业化水平和总量产出水平的指标进行了论述，分别以工业基尼系数和经济产出密度作为产业集聚在地方化经济和城市化经济层面的代理指标。本章节选取经济产出密度作为核心解释变量产业集聚的代理指标，计算方法如下：

$$IA_{it} = \frac{GDP_{it}}{\sum_{i=1}^{m} GDP_{it}} / \frac{A_i}{\sum_{i=1}^{m} A_i} \tag{4-2}$$

其中，IA_{it}指i地区t年的经济总产出密度，代表产业集聚的总量水平；GDP_{it}指i地区t年的GDP总量；A_i指i地区的行政区划面积；m表示地区的个数，m取值为30，基于区域发展和政策的特殊性，不考虑西藏和港澳台地区的情况。IA_{it}表示的是地区单位区划面积的经济产出，可以模拟地区城市化经济的相对强度，可以理解为经济活动总量在各地区间的集中程度。

3. 控制变量的选取。在控制变量的选取上，与前文第三章实证分析所选取的指标一致，将地区的相对市场规模、相对劳动力投入规模和相对科技水平纳入控制变量集。

① 傅勇，张晏．中国式分权与财政支出结构偏向：为增长而竞争的代价［J］．管理世界，2007（3）：4－22.

市场规模是衡量地区经济发展水平的重要指标，也是经济增长的动力源泉，因为需求是推动经济增长的重要动力。相比于相关服务、技术溢出效应和配套上下游企业提供的正外部性，新经济地理学更加注重由资金带来的市场规模效应。就经济发展不平衡和不充分的国家而言，市场规模效应对其空间格局具有重要影响。良好的市场规模可以为产品需求提供有效支撑，为消费者提供多样化的产品，也决定了地区对流动性资本的吸引能力，进而影响到税收收入。已有研究普遍采用 GDP 来衡量市场规模，但 GDP 的绝对数量不能有效反映出某一地区的总需求水平和市场集中程度。因此，本书选取相对市场规模作为控制变量之一，其基础计算指标为城镇居民可支配收入，居民的可支配收入越高说明该地区的消费能力越强，相对应的市场规模就越大。具体计算方法为：

$$size_{it} = \frac{inc_{it}}{\frac{1}{n}\sum_{i=1}^{n} inc_{it}} \qquad (4-3)$$

其中，$size_{it}$表示地区相对市场规模；inc_{it}指地区当年的城镇居民可支配收入，这里将城镇居民可支配收入做相对化处理，若 $size_{it}$大于 1，说明 i 地区 t 年的市场规模高于全国平均水平；若 $size_{it}$小于 1，说明 i 地区 t 年的市场低于全国平均水平，市场规模越高，赋值越大，实质上是地区市场规模在全国的相对强度。

劳动力是经济活动不可或缺的要素，劳动力的集中程度和流动方向影响着地区经济发展水平，劳动力投入增加会促进地区经济增长，从而为地区的财政收入提供稳定税源，所以劳动力投入对税收收入具有重要影响。因此将相对劳动力投入规模纳入控制变量集，它的基础计算指标为地区城镇就业人数，具体计算方法如下：

$$labor_{it} = \frac{lab_{it}}{\frac{1}{n}\sum_{i=1}^{n} lab_{it}} \qquad (4-4)$$

其中，$labor_{it}$表示地区相对劳动力投入规模；lab_{it} 指地区当年的城镇就业人数，其指标含义可类比“相对市场规模”的概念理解。

经济全球化竞争日益激烈，科学技术水平已经成为国家参与竞争的核心能力，各地区也纷纷出台了各项关于高新技术产业的税收优惠政策，因而有必要将科技水平纳入控制变量集。相对科技水平的基础计算指标为地区科技市场成交额，成交额越大说明地区的科技水平越高，具体计算方法为：

$$tec_{it} = \frac{vot_{it}}{\frac{1}{n}\sum_{i=1}^{n} vot_{it}} \qquad (4-5)$$

其中，tec_{it}表示地区相对科技水平；vot_{it}指地区当年的科技市场成交额。

（二）模型构建

本节旨在检验全国层面以及东、中西两大地区间税收竞争与产业聚集的非线性关系，因而在模型中加入解释变量产业集聚水平的平方项来检验其与税收竞争之间的非线性关系，具体模型如式（4－6）所示。

$$Tax = \alpha + \beta_1 IA + \beta_2 IA^2 + \beta_3 size + \beta_4 labor + \beta_5 tec + \varepsilon \qquad (4-6)$$

三、变量描述统计及数据来源

（一）变量描述统计

模型中各变量的描述性统计结果如表4－1所示。

表4－1　　变量描述统计

变量	观测值	平均值	标准差	最小值	最大值
Tax	300	1	0. 371	0. 573	2. 414
IA	300	4. 318	9. 834	0. 023	73. 615
size	300	0. 956	0. 245	0. 687	1. 716
labor	300	1	0. 633	0. 104	3. 289
tec	300	1	2. 223	0. 002	13. 056

将标准差除以平均值可以得到变异系数，该系数越小，表示数据的离散程度越小，反之离散程度越大。通过表4－1可以发现，*Tax*（税收竞争）的变

异系数为0.371，最小值为0.573，最大值为2.414；*IA*（产业集聚）的变异系数最小值为0.023，最大值为73.615。比较 *Tax* 和 *IA* 的变异系数可以发现，税收竞争数据的分布较为集中，而产业集聚数据的离散程度较大，由此可见我国地区间企业实际税负与产业集聚水平存在显著差异。各控制变量中，相对市场规模（*size*）的变异系数为0.245，相对劳动力投入规模的变异系数为0.633，这两项数据的分布较为集中；相对科技水平的变异系数为2.223，说明相较于城镇居民可支配收入和城镇就业人数，地区间的科技水平的差距更大。

（二）变量相关性检验

对模型中各变量进行相关性分析，具体结果见表4-2。从表中结果看出，除了 *Tax*（税收竞争）和 *labor*（相对劳动力投入规模）之间的相关系数没通过显著性检验外，其他各变量间的相关系数均在1%的水平上显著。此外，各变量间相关系数的绝对值均小于0.73，综上说明各变量间存在明显的相关性且不存在多重共线性问题，模型构建有效。

表4-2　　变量相关性检验

变量	*Tax*	*IA*	*size*	*labor*	*tec*
Tax	1				
IA	0.6241***	1			
size	0.7050***	0.7280***	1		
labor	0.0026	0.1541***	0.4550***	1	
tec	0.6777***	0.3552***	0.6479***	0.2498***	1

注：*** 表示回归系数在1%的水平上显著。

（三）数据来源

相对实际税负的计算需要当年我国各省份的税收收入和地区生产总值数据，可从2008~2017年的《中国统计年鉴》中获取；产业集聚变量计算中的二位数工业和制造业行业分省市数据可从2008~2017年的《中国工业统计年鉴》中获取；控制变量中的地区城镇居民可支配收入、城镇就业人口和科技市场成交额数据可从 2008 ~ 2017 年《中国统计年鉴》中获取。

第二节　实证分析与结果

一、全国层面产业集聚与税收竞争关系的检验

为检验假设 1，参照吴斌、徐雪飞等（2019）① 在检验产业集聚与税收竞争关系时采用的方法，通过最小二乘法（OLS）和面板数据随机效应回归模型（RE）分析了税收竞争与产业集聚间的非线性关系。通过对已有文献的梳理可知，税收竞争与产业集聚之间存在着相互影响的关系，因而在计量分析中可能会出现内生性问题。为解决该内生性问题，本部分选用产业集聚的一阶滞后变量作为工具变量。在 IV-OLS 模型中先分离出内生变量的外生部分，再使用此外生部分进行回归；在 IV-RE 模型中先对随机效应模型进行 FGLS 转换，再对变换后的模型进行 2SLS 回归。具体检验结果见表 4 – 3。

表 4 – 3　全国层面税收竞争与产业集聚关系检验

变量属性	变量名称	OLS	RE	IV-OLS	IV-RE
常数项	*Constant*	0. 3904*** (4. 62)	0. 5618*** (4. 39)	0. 3676*** (4. 36)	0. 5329*** (0. 03)
解释变量	IA^2	0. 0002*** (1. 65)	0. 0002*** (2. 76)	0. 0002** (2. 10)	0. 0002** (2. 49)
	IA	0. 0004 (0. 09)	0. 0214*** (2. 90)	– 0. 0018 (– 0. 35)	0. 0211** (2. 48)

① 吴斌，徐雪飞，孟鹏，魏军波．产业集聚、税收竞争与企业税负［J］．东南大学学报（哲学社会科学版），2019（1）：67 – 73.

续表

变量属性	变量名称	OLS	RE	IV-OLS	IV-RE
控制变量	*size*	0.7519*** (6.90)	0.3594*** (2.62)	0.7771** (7.16)	0.3718*** (3.17)
	labor	−0.1899*** (−8.71)	−0.0243 (−0.66)	−0.1858*** (−8.62)	0.0001 (0.00)
	tec	0.0655*** (9.25)	0.0503*** (3.72)	0.0648*** (9.20)	0.0459*** (3.80)
R-squared		0.7165	0.6530	0.7342	0.6136
Observations		300	300	270	270

注：***、**表示回归系数在1%、5%的水平上显著，括号中为 t 统计量和 Z 统计量。

如表4-3所示，在第二、第四组回归结果中，产业集聚的一次项 IA 与税收竞争显著正相关；在第三组回归结果中，产业集聚的一次项 IA 与税收竞争负相关，但未通过显著性检验，说明随着产业集聚水平的提高，地方政府可以凭借“集聚租”设定较高的税率，该结果也符合新经济地理学的理论。在四组回归结果中，产业集聚的二次项 IA^2 与地区相对实际税负均显著正相关，表明税收竞争与产业集聚之间的确存在非线性关系，即在产业集聚水平较低的产业转移期，地方政府为了吸引辖区外资本流入，倾向于采取降低税率和提供大量税收优惠政策的税收竞争行为；当产业集聚程度达到一定高度时，随着产业集聚水平的提升，地方政府会凭借“集聚租”逐渐提高实际税率和适当减少税收优惠政策。由此，假设1得证。

若产业集聚与税收竞争之间不存在显著的非线性关系，而表现为线性关系，说明我国整体上还处于产业转移期，未形成可供政府提高税率的“集聚租”，各地区间也没有摆脱“逐底”的恶性税收竞争。而假设1得证，表明我国整体上已处于产业集聚期，具备了摆脱恶性税收竞争的基础条件。产业集聚一次项的系数显著为正，也说明我国已经对产业集聚所形成的“集聚租”征税。但现阶段“不平衡与不充分”仍是我国经济发展所面临的重大问题，整体上处于产业集聚期并不能代表各个地区都已具备较高的产业集聚水平。现实情况是各地区间产业集聚程度和税负水平存在较大差距，经济发达省份的税负水平和产业集聚程度较高，经济相对落后省份的税负水平和产业集聚程度较低，这预示着不同地区产业集聚与税收竞争的关系不尽相同，是否所有地区都已具备了摆脱恶性税收竞争的基础条件，还需要从地区层面进行深入分析。

四组回归结果中，相对市场规模与地区实际税负均显著正相关，说明市场规模大的地区实际税率较高，市场规模较小的地区实际税率较低。新经济地理学的理论认为，在集聚水平较高的地区，地方政府可以凭借其集聚优势适当提高税率，而不担心资本外流，从而避免了“囚徒困境”的税收竞争现象产生。市场规模较大的地区往往产业集聚水平较高，按照新经济地理学的理论分析，该地区政府会制定较高的税率，因而市场规模与相对实际税负正相关。相对劳动力投入规模在第一、第三组回归结果中与税收竞争显著负相关，在第四组回归结果中与税收竞争正相关，但未通过显著性检验。地区的劳动力投入增加会促进地区经济增长，从而为地区的财政收入提供稳定税源。这一方面有利于提高地方政府的税收征管效率，进而提高了实际税负；另一方面税源扩大会降低地方政府对可征税潜力的挖掘力度和税收征管努力程度，从而降低了实际税负。相对劳动力投入的回归系数显著为负，则说明劳动力投入增加对税收征管效率的正向提升效用小于对税收征管努力程度的负向降低效用。科技水平与地区相对实际税负之间也存在显著正向关系，但在不同模型中的回归系数较小，表明相对科技水平对地区实际税负存在较小的正向影响。这是因为具备高科技水平的地区可为企业提供良好的生产技术环境，从而降低了流动性资本对税率的敏感度。

二、分地区产业集聚与税收竞争关系的检验

为检验假设 2，将我国 30 个省份，按照其所处的地理区位分为东部和中西部两大地区，其中处于东部地区的省份有北京、上海、天津、河北、山东、江苏、浙江、辽宁、广东、福建和海南；中西部地区包括黑龙江、吉林、河南、山西、安徽、湖南、湖北、江西、四川、重庆、陕西、宁夏、贵州、云南、广西、内蒙古、甘肃、青海和新疆 19 个省份。

由前文第三章实证分析可知，产业集聚和税收竞争之间存在相互影响的内生性关系，因此在检验东部和中西部地区的产业集聚与税收竞争的关系时，首先采用最小二乘法（OLS）进行回归，再选取产业集聚的一阶滞后变量作为工

具变量，采用两阶段最小二乘法（2SLS）进行估计，具体回归结果如表 4－4 所示。

表 4－4　　分地区税收竞争与产业集聚关系检验

变量属性	变量名称	东部 OLS	中西部 OLS	东部 IV-OLS	中西部 IV-OLS
常数项	*Constant*	0. 4656*** (3. 50)	0. 9788*** (5. 18)	0. 4864*** (3. 45)	0. 9216*** (5. 39)
解释变量	IA^2	0. 0002** (2. 05)	0. 0060 (0. 30)	0. 0002** (2. 48)	0. 0001 (0. 00)
	IA	－0. 0030 (－0. 53)	－0. 0503 (－0. 86)	－0. 0063 (－0. 98)	－0. 0276 (－0. 52)
控制变量	*size*	0. 7196*** (4. 87)	0. 0609* (0. 25)	0. 7130*** (4. 56)	0. 1219* (0. 56)
	labor	－0. 1867*** (－6. 27)	－0. 1511*** (－3. 14)	－0. 1834*** (－5. 96)	－0. 1589*** (－3. 55)
	tec	0. 0680*** (8. 25)	－0. 0211 (－0. 69)	0. 0686*** (7. 87)	－0. 0183 (－0. 68)
R-squared		0. 8173	0. 1775	0. 8072	0. 2072
Observations		110	190	99	171

注：***、**、* 表示回归系数在1%、5%、10%的水平上显著，括号中为 t 统计量和 Z 统计量。

由表 4－4 可知，在两种模型中，东部地区产业集聚的二次项（IA^2）均通过了显著性检验，而中西部地区产业集聚的二次项（IA^2）未通过显著性检验，表明中部和西部地区产业集聚与税收竞争之间不存在显著的非线性关系，进一步说明东部地区产业集聚与税收竞争的非线性关系更为显著，其产业集聚水平处于图 4－1 中的 N 点右侧，具备了摆脱恶性税收竞争的基础条件，假设 2 得以证明。中西部地区产业集聚与税收竞争的非线性关系不显著，说明中西部地区产业集聚水平较低，还处在产业转移期（图 4－1 中 N 点以左区域），当地政府更倾向于采取降低税收和提供大量税收优惠政策的税收竞争行为，还不具备可供政府提高税率的“集聚租”，也没有完全摆脱“竞相逐底”的恶性税收竞争。

观察各模型中相对市场规模的系数，虽然东部和中部地区相对市场规模与税收竞争都正相关，但是东部地区的系数要远大于中西部地区。由上文的分析可知，东部地区已经具备了较高的产业集聚水平，随着其市场规模的扩大，产业集聚优势更加明显，政府更倾向于制定较高的税率，因而相对市场规模的系数较大。就中部和西部地区而言，相对市场规模的回归系数较小，是因为中西部地区不具备东部地区的资源禀赋和地理位置优势，产业集群起步较晚，并且由于深处内陆，地区内多为本国企业，外资企业较少。在经济全球化的大背景下，东部沿海地区拥有交通便利和贸易自由度大的优势，是外资流入的首要区位选择。中西部地区要想在全球经济竞争中提高竞争力，吸引国内外资本流入，需要当地政府提供大量税收优惠政策，如企业所得税返还和出口退税等，因而随着市场规模扩大，地区实际税率提高较小。

相对劳动力投入规模由基础指标城镇就业人数计算得到，其值越大，说明该地区城镇就业人数越多。表4－4中，东部和中西部地区相对劳动力投入规模与税收竞争均呈现出显著的负向关系，并且东部地区系数的绝对值大于中西部地区，表明随着城镇就业人数增加，东部地区实际税负下降的幅度大于中西部地区。王永培、晏维龙（2014）[①] 关于产业集聚和避税行为的研究指出产业集聚程度的提高强化了企业的避税行为，企业通过集聚的外溢效应，加强了避税行为的相互学习和示范效应，便于避税是企业集聚的重要目的之一。因此，随着城镇就业人数增加，产业集聚水平逐渐提高，一方面为政府提供了可征税的“集聚租”，另一方面为企业提供了避税港。东部和中西地区相对劳动力投入规模的系数为负可能的原因是产业集聚为企业带来的避税效应大于政府的征税效应。造成东部地区系数的绝对值大于中西部地区的原因是中西部地区为引入资本提供了大量的税收优惠政策，使得企业的避税意愿与能力较低，因而抵消了部分实际税负的减少。

两个模型中，只有东部地区相对科技水平的参数估计通过了显著性检验且与实际税负正相关，但其影响系数较小，表明由科技水平进步所带来的“集聚租”对政府提高税收的正向影响较小。

① 王永培，晏维龙．产业集聚的避税效应——来自中国制造企业的经验数据［J］．中国工业经济，2014（12）：57－67.

第三节 稳健性检验

为了检验上述实证分析的稳健性，将解释变量产业集聚的代理指标由经济产出密度替换为工业基尼系数，对假设1和假设2重新进行回归分析。工业基尼系数的具体计算公式如下：

$$D_{it} = \frac{1}{2n^2\mu}\sum_{j,k=1}^{n}|X_{ijt} - X_{ikt}| \qquad (4-7)$$

其中，D_{it}为地区i的t年工业基尼系数，代表地区i当年的产业集聚的专业化水平；X_{ijt}表示i地区j行业t年工业销售产值占i地区工业销售总产值的比重，X_{ikt}表示i地区k行业t年工业销售产值占i地区工业销售总产值的比重；n为i地区的行业个数，μ为各行业工业销售产值占地区销售总产值比重的均值。工业基尼系数的计算需要将地区i参与计算的所有行业的工业销售产值的比重两两相减求绝对值并加和，类比于财政学中的洛伦兹曲线和收入分配基尼系数的解释，D_{it}可以表示地区i产业间的发展差距，即工业销售产值的分布情况，有多少的工业产值集中在多少的行业上。同样的原理，工业基尼系数的取值也在0到1之间，越接近于1说明地区内的行业发展差距越大，销售产值集中在少数几个行业中，则该地区的产业集聚水平较高。

一、全国层面产业集聚与税收竞争关系的稳健性检验

全国层面显著性检验结果如表4－5所示，采用工业基尼系数作为解释变量的代理变量，通过最小二乘法（OLS）和面板数据随机效应模型（RE）两种方法进行回归，产业集聚的二次项与相对实际税负显著正相关，表明产业集聚与税收竞争存在非线性关系。另外，其他各变量参数估计的正负号和显著性没有发生明显变化，表明模型通过了显著性检验。

表 4－5 产业集聚与税收竞争关系的稳健性检验（全国层面）

变量属性	变量名称	OLS	RE	IV-OLS	IV-RE
常数项	*Constant*	－0.0956 （－0.26）	0.0615 （0.14）	－1.1971 （－1.36）	－2.2498 （－0.78）
解释变量	IA^2	1.2740*** （1.05）	0.0378*** （2.03）	2.4549** （0.84）	0.4149** （3.87）
	IA	－0.3940 （－0.29）	0.5780*** （4.40）	3.7465 （1.14）	0.5472** （4.91）
控制变量	*size*	1.0729*** （16.33）	0.5770*** （4.95）	1.0453*** （14.84）	0.5059*** （4.70）
	labor	－0.1582*** （－7.19）	－0.0034 （－0.09）	－0.1436*** （－5.86）	0.0444 （1.03）
	tec	0.0449*** （6.69）	0.0586*** （4.85）	0.0439*** （6.48）	0.0519*** （4.56）
R-squared		0.7452	0.7094	0.7537	0.6533
Observations		300	300	270	270

注：***、** 表示回归系数在 1%、5% 的水平上显著，括号中为 t 统计量和 Z 统计量。

二、分地区产业集聚与税收竞争关系的稳健性检验

在表 4－6 中我们以工业基尼系数作为解释变量产业集聚的代理指标，选取产业集聚的一阶滞后变量作为工具变量，采用最小二乘法（OLS）和两阶段最小二乘法（2SLS）进行回归分析。根据回归结果可知，东部地区产业集聚二次项的系数通过了显著性检验，而中部和西部地区产业集聚二次项的系数没有通过显著性检验，表明相较于中西部地区，东部地区产业集聚与税收竞争的非线性关系更加显著，该检验结果与上述结论保持一致。

表 4－6 产业集聚与税收竞争关系的稳健性检验（分地区）

变量属性	变量名称	东部 OLS	中西部 OLS	东部 IV-OLS	中西部 IV-OLS
常数项	*Constant*	－0.5547 （－0.81）	1.2322** （2.40）	－2.2127 （－1.54）	－0.5298 （－0.42）

续表

变量属性	变量名称	东部 OLS	中西部 OLS	东部 IV-OLS	中西部 IV-OLS
解释变量	IA^2	1. 7441 ** (0. 71)	2. 2590 (1. 54)	4. 1055 ** (3. 78)	3. 3402 (0. 86)
	IA	0. 1203 (0. 05)	−2. 0152 (−1. 20)	6. 5533 (1. 16)	4. 3013 (0. 96)
控制变量	*size*	1. 1329 *** (12. 89)	0. 2008 * (0. 91)	1. 0832 *** (10. 94)	0. 1701 * (0. 80)
	labor	−0. 1395 *** (−5. 21)	−0. 1600 *** (−3. 52)	−0. 1412 *** (−4. 97)	−0. 0802 *** (−1. 06)
	tec	0. 0320 *** (4. 16)	−0. 0203 (−0. 72)	0. 0320 *** (3. 80)	−0. 0297 (−1. 08)
R-squared		0. 8613	0. 2330	0. 8492	0. 2068
Observations		110	190	99	171

注：***、**、*表示回归系数在1%、5%、10%的水平上显著，括号中为 t 统计量和 Z 统计量。

第四节　实证分析结论

本章从全国层面税负和地区层面税负两个维度检验了产业集聚与地方政府税收竞争的非线性关系。通过对假设 1 的检验发现，产业集聚与税收竞争存在非线性关系，说明在产业集聚水平较低的产业转移期，地方政府为了吸引辖区外资本流入，倾向于采取降低税收和提供大量税收优惠措施的税收竞争行为；当产业集聚水平较高时，辖区内企业可以通过集聚优势获得收益，降低了对税率的敏感性，从而地方政府可以逐渐提高实际税率和适当减少税收优惠政策，获得更多财政收入。同时，全国层面产业集聚与税收竞争的关系满足假设 1 说明我国整体上已经具备了可征税的“集聚租”。此外，产业竞争的一次项与税收竞争正相关说明政府已经对产业集聚所形成的“集聚租”征税。

全国范围内，市场规模扩大和科技水平提高可以促进企业尽快走出恶性税收竞争的“囚徒困境”，劳动力投入增加对税收征管效率的正向提升效用小于对税收征管努力程度的负向降低效用，不利于缓解“竞相逐底”的税收竞争。

通过对假设2的检验发现，相比于中西部地区，东部地区产业集聚与税收竞争的非线性关系更为显著。综合各变量在东部和中西部两大地区的回归结果，可以得出以下结论：

（1）东部地区产业集聚与地区实际税率之间存在非线性关系，并且东部地区已经处于产业集聚期，已经形成了可供政府提高税收的“集聚租”，具备了摆脱“逐底”税收竞争的基础条件；中西部地区产业集聚与税收竞争不存在非线性关系，仍处于产业转移期，地方政府倾向于采取降低税率和提供税收优惠措施的税收竞争行为，还未具备摆脱“逐底”税收竞争的基础条件。

（2）东部地区的产业集聚水平高于中西部地区，相应地中西部地区为吸引资本流入所提供的税收优惠政策多于东部地区；因而中西部地区在经济发展相对滞后的现实下，财政支出压力明显高于东部地区。

（3）中西部地区经济发展相对滞后，市场规模较小，在提供大量税收优惠政策的现实基础下，政府的公共支出压力较大，但增加税收会导致资本外逃。此外，现行官员考核机制的主要指标是地区GDP，地方主官为获得晋升机会，会将政府治理的主要目标设为经济增长，尽可能地吸引有利于经济增长的流动性资本，不会显著增加企业的税收负担，因而在中西部地区产业集聚水平逐渐提高的过程中，地方政府不会立即对“集聚租”征税，而主要通过扩大税基来缓解公共支出压力。

（4）东部地区产业集聚水平较高，地方政府可凭借集聚优势适当提高税收，使得地方财政资金较为充足；另外，东部地区凭借地理位置和资源禀赋的优势，经济发展已经取得较好的成绩，政府追求更多元化的治理目标，而不仅仅注重经济增长，若赋予地方政府更大的财政自主权，东部地区会进一步完善公共基础设施和投资环境，这样一来，东部地区便可以吸引更高层次的资本流入而提高产业集聚水平，最终进一步提高税率的可能性会越大。

总体而言，我国产业集聚与税收竞争存在非线性关系，整体上具备了可供政府提高税收的“集聚租”，并且已经对这种“集聚租”征税。但产业集聚对税收竞争的影响程度存在地区差异，东部地区已经处于产业集聚期，摆脱了“竞相逐底”的恶性税收竞争，地方政府治理不再局限于经济增长数量，而追求经济增长质量和公共基础设施建设，形成了良性循环；中西部地区仍处于产业转移期，较低的产业集聚水平致使该地区无法摆脱税收逐底竞争，亟须政府统筹协调，出台相应政策措施，改革相关规章制度，促进产业集聚水平升级，走出恶性税收竞争的困境。

本章小结

本章采用2008～2017年我国30个省市自治区（其中不包括台湾省、西藏自治区、香港特别行政区和澳门特别行政区）的相关省级面板数据，通过最小二乘法（OLS）和面板数据随机效应模型（RE）两种方法，分别分析了全国层面和地区层面产业集聚与税收竞争的非线性关系。通过研究发现，产业集聚与税收竞争存在显著的非线性关系，并且这种非线性关系在东部地区更为显著。根据各变量在回归结果中的表现，进一步得出了以下结论：

（1）我国整体上已经具备了可征税的“集聚租”，并且政府已经对这种“集聚租”征税。

（2）东部地区处于集聚水平较高的产业集聚期，摆脱了“竞相逐底”的恶性税收竞争；中西部地区处于集聚水平较低的产业转移期，地方政府倾向于采取降低税率和提供大量税收优惠措施的税收竞争行为，还未走出税收逐底竞争的困境。

（3）中西部地以放弃财政收入为代价来吸引资本流入，再加上单一的官员考核机制不允许地方政府制定较高的税率，致使中西部地区的财政支出压力大于东部地区。

（4）东部地区可以凭借集聚优势获得更多财政收入，若赋予地方政府更大的财政自主权，东部地区会进一步完善公共基础设施和投资环境，这样一来，东部地区便可吸引更高层次的资本流入，从而形成良性循环，进而产业集聚水平更上一层，最终进一步提高税率的可能性会越大。

第五章
适应产业集聚规范税收竞争的对策建议

基于产业集聚条件下我国地方政府税收竞争行为的特征，本书分别从规范和清理税收优惠、加快地方税体系建设、提高产业集聚水平和质量、完善地方官员的考核制度等方面给出规范地方政府税收竞争行为的政策建议。

第一节　规范和清理税收优惠政策，加快地方税体系建设

一、适时推进税收优惠的规范清理

税收优惠或财政返还是地方政府进行税收竞争的强力手段，也是地方政府进行恶性的税收“逐底”竞争的主要渠道。党的十八届三中全会以后，中央政府开始着力清理和规范各类地方税收优惠政策，党中央和国务院先后下发文件要求各地区开展专项清理工作，全面排查已有的各类税收等优惠政策。但由于地方税收优惠长期存在、情况复杂加上宏观经济增长乏力的现实情况，强力的清理受到了地方政府的抵制。2015 年，国务院再次下发通知，在清理税收优惠工作上给予地方一定的过渡期和自主权。但是，强化税收优惠的规范管理是建设现代化税收制度体系的重要内容，短期内的过渡不能取代长期性的规范方向。

规范和清理税收优惠的初衷是“统一税制，公平税负，促进公平竞争”，这是有效遏制地方政府不良税收竞争的重要举措，必须在理念上加以坚持。但是，正如前面税收优惠的规范和清理的波折所引发的思考，这种规范清理不能简单地实施“一刀切”。以区域经济发展中的税收优惠政策为例，目前我国区域发展不均衡是在较长一段时期内的基本国情，各地方政府的税收竞争乃至于经济竞争并不是在同一起跑线上展开的，各地区的经济基础条件不同，产业集聚水平也不同。那么，类似区域性的税收优惠，也要审慎考虑，应该在充分了解地方经济发展的前提下切实实现清理和规范的并举。所谓“公平税负”讲究的也是

相对的公平，合理合法的税收优惠是经济发展水平落后的地区提高产业集聚水平，开展良性税收竞争的重要倚仗。而前文的实证研究也证实，随着经济发展水平的提高，地方政府通过自创的区域税收优惠实现经济资源转移的动力反而在削弱，因此，在规范和清理税收优惠的进程中要坚持“因地制宜”原则，容许落后地区保有一定程度的政策倾斜，协调好各地方的税收利益，建立公平税收竞争的经济基础。

二、践行税收法定原则

规范和清理税收优惠的举措不能仅仅停留在“规范”和“清理”的表层，更重要的是抓住问题的根源。我国统一税制下的税收治理问题亟待解决，从立法、执法到司法层面都需要不断完善。规范和清理税收优惠不仅要对现有的税收优惠政策进行调研、排查和调整，更重要的是要在税收优惠政策上确立“税收法定”制度。实证研究发现，一些产业集聚水平较低区域的地方政府存在利用低税负吸引集聚的趋势，这是集聚水平较低的地区在产业集聚初期吸引生产要素的常用手段，但集聚水平发展到一定程度后，竞相降低税负吸引生产要素弊大于利，不仅不能带来区域间的帕累托改善，还会降低本地区的福利水平。可见，税收优惠政策的实施和废止不仅在区域间要因地制宜，在不同的经济发展阶段也要因时而异。今后税收优惠政策的制定和实施要确立统一的程序和标准，明确权力部门，落实违规追责措施，实现制度化和规范化，对于地方创设的税收优惠加以严格约束与限制，使税收优惠从制定、落实到废止都有据可循，有法可依。

税收优惠政策在地方政府的税收竞争中是一把“双刃剑”，中央政府要加强监管和调控，提高税收优惠政策的透明度和法制化层次，发挥合理合法税收优惠政策在地区产业集聚中的正向效应，避免地方政府利用违规或隐性的税收优惠进行“逐底”低效的税收竞争。

三、推进地方税体系与主体税种建设

2016 年全面推行“营改增”之后，地方税体系的主体税种营业税已经不复存在，党的十九大提出了“深化税收制度改革，健全地方税体系”的税制改革目标。改革开放后中国经济的快速发展得益于各地方的经济竞争，可见竞争是保持经济活力的重要动力。建立健全地方税体系，构建地方税主体税种，给予地方一定的税收自主权，既可以调动地方政府竞争的积极性，又可以在一定程度上缓解我国地方政府在财权和事权上的错配，减少地方政府在财政支出上的缺口，减弱地方政府进行不良税收竞争的动力，是财政分权的必然要求，需加快推进。在推进的过程中，需要注意以下几个方面：

一是与整体税制体系相协调。地方税是整个税收体系的重要组成部分，构建完善的地方税体系，必须统筹考虑与整体税制的关系，既要符合税制改革的总体方向，又要做好与相关税种的衔接，并合理设计各税种的负担水平。

二是与财政体制相协调。构建完善的地方税体系是建立财力与事权相匹配的财政体制的重要内容，应结合财政体制改革方向，厘清中央与地方收入分配关系。既保证中央财政收入合理稳固、增强宏观调控能力，又充分激励地方政府组织财政收入、促进经济社会发展的积极性，建立地方财政收入长期稳定增长机制。

三是与税收征管水平相协调。税收征管是完善地方税体系的重要基础，改革地方税制度，既要充分考虑现有税收征管能力与条件，又要积极创造条件逐步提高征管水平，使税制改革与提高征管能力协调推进。

四是与非税收入改革相协调。完善地方税体系，应处理好税收与非税收入的关系。首先，通过清费立税，将与税收征收对象重复、使用用途相似、具有税收性质的行政事业性收费和政府性基金，用相应的税收取代，进一步强化税收筹集财政收入的主渠道作用。其次，深入推进收费清理改革，全面落实中央和省两级已出台的各项取消、停征、免征收费基金的措施，全面实施清理规范政府性基金工作。最后，对于保留的各项非税收入，一方面应推进非税收入管理立法，加快起草非税收入征收管理条例，将非税收入纳入法制化轨道；另一方面完善非税收入管理制度建设，制定并发布政府非税收入管理办法，完善非税收入管理制度，规范罚没财务处理处置政策，制定市政公共资源有偿使用收入管理制度。

五是与经济发展方式转变相协调。经济决定税收，税收反作用于经济，完善地方税体系，应逐步提高房产税等直接税的比重，优化直接税与间接税结构，减轻地方对上项目和粗放型发展方式的依赖，促进经济结构调整。

四、警惕地方政府间的税收恶性竞争

我国的地方税种以房产税、土地增值税、车船税等财产税为主。本书实证研究发现，随着经济的发展，我国产业集聚水平较高区域的地方政府在财产税层面不仅未加强征税力度，反而有降税趋势，说明我国地方政府在地方税层面存在降税以吸引生产要素集聚的趋势。相较于中央和地方共享税而言，地方政府在地方税层面的自主权更大，在当前加快地方税体系建设的大背景下，要注意避免地方税成为地方政府竞相降税进行税收“逐底”竞争的新领域。

警惕地方政府利用直接辖管的地方税进行恶性税收竞争，要在构建地方税体系的过程中从立法、执法和监督等多个层面规制地方政府对地方税种，尤其是征管方面的干预。首先，在立法层面，要坚持税收法定基本原则，对于在全国范围内有较大影响的税种，应当把立法权集中在中央，对于和地区经济发展密切相关的且影响范围较小的税种，可以赋予地方一定的立法权限，推进地方税的去行政化和法制化，还要注意在程序上保证中央政府在地方税立法中的参与度，以协调各地区的税收利益和经济平衡。其次，在执法和监督层面，中央对地方税的监管不能放松，信息透明度要提高，追责惩罚措施要落实，保证法制化后的地方税能够切实执行。

第二节　提高区域产业集聚的质量和水平

产业集聚可以带来专业化分工和共享基础设施等外部经济效应，提高生产要素的产出效率，同时也会对生产要素产生地区锁定效应，为地方政府对“集聚租”征税，摆脱税收“逐底竞争”的困境提供可能。通过实证研究发现：我国产业集聚总体水平有限，地方政府仅在产业集聚水平较高的区域实现了对

"集聚租"征税，具备了实施差异化税收竞争策略的基础，大部分地方政府还不具备对"集聚租"征税的条件。因此，要鼓励资本、技术等生产要素在空间上集聚，引导地方政府合理利用"集聚租"征税，彻底摆脱税收"逐底竞争"，降低地区福利水平的恶性循环。

一、因地制宜提高地区的产业集聚水平

本书从地方化经济和城市化经济两个维度衡量各地区的产业集聚水平，发现部分省市产业专业化程度较高但产出密度较低，部分省市产出密度高但产业专业化程度较低。基于当前我国产业集聚总体水平有限，地区发展差异较大的现状，各地方政府应该根据自身的产业发展情况有的放矢地提升地区的产业集聚水平。低专业化高产出区地方政府应当充分利用本地区的资源禀赋或产业基础培育特色优势产业，加强专业化生产，提高产业绩效，努力形成全链条的产业网络并注重相关支持产业的引入，增强产业层面的集聚力，提高产业集聚地方化经济水平。高专业化低产出区域要在城市化经济上着力，关注地区生产要素的产出效率，加强地区基础设施建设，着力实现地区的产业淘汰、升级或重新布局，为各种生产要素提供更优越的营商环境。而低专业化低产出区域的地方政府则需要"双管齐下"，需要多方面提高地区的产业集聚力，摆脱税收"逐底"竞争的恶性循环。

二、关注地区产业集聚质量的提升

地方政府在提升地区产业集聚水平的同时，也要关注地区产业集聚质量的提升。实证结果显示，低专业化高产出区域地方政府不仅未对产业集聚带来的"集聚租"征税，反而呈现出集聚指标越高，税负强度越低的状态，这种状态的集聚很有可能是我国近年来快速发展的"园区经济"带来的"政策租"条件下的产业集聚现象，与高专业化高产出区域在市场机制作用下形成的质量较高的产业集聚不同，不具备对"集聚租"征税的基础。不可否认，地区吸引产业集

聚的初级阶段，适当的政策倾向和优惠措施必不可少，甚至可以说是原动力，但随着产业集聚程度的加深，地方政府必须转变经济发展思路，不能一味依赖“政策租”作为集聚优势，要从产业的产出效率和外部营商环境上着力培育高质量的地区产业集聚，逐渐形成对“集聚租”征税的基础，提高政府的税收收入，弥补前期让渡的政策租金并提升地区福利水平，为地区集聚力的保持和可持续发展蓄力。而中央政府要适时适度地对地方政府自发的产业集聚行为进行监控和规范，警惕地方无条件、“逐底”式的招商引资行为，合理引导地方政府以有形或无形的禀赋优势吸引生产要素流入，最终形成以市场激励为主、政策激励为辅的多元化产业集聚激励体系。

另外，不同程度的产业集聚水平应当与不同的税收政策相适应，地方政府应根据区域产业集聚的发展水平适时调整税收政策：在集聚水平较低的初级阶段，给予适当的税收优惠和政策倾斜；在集聚成熟期，对“集聚租”征税，实现差异化的税收竞争策略，彻底摆脱税收“逐底竞争”的恶性循环，实现地方政府间自发的税收协调。

三、建立科学有效的风险投资机制

建立多元化的投资机制，拓宽投融资渠道，解决中小企业融资困难问题。发达国家企业发展的实践经验表明，企业在发展过程中首先通过内部积累的形式获得初始投资资金，之后会采取发行市场债券、银行贷款和公开发行股票的外部融资手段。在保障中小企业内部融资的基础上，适当鼓励企业间资金流动，建立横向的信用借贷关系。目前可供企业外部融资的渠道较少，并且已有的融资机构还不够完善，需要政府鼓励和支持民间融资平台、地方民营银行等金融机构建立，尽快完善发展金融体系和信用体系，从而建立满足中小企业融资需求的多元投资机制，切实解决企业融资难的问题。此外，政府还需要进一步加大对中小企业融资的财政担保力度，通过政府的高信用担保可以降低企业的融资难度。

科学有效的风险投资机制可以为资本投资提供有效保障，降低资本投资风险，提高资本投资意愿，与产业集聚形成良性互动。建立科学有效的风险投资机制，首先要培育和规范风险投资主体，政府可以减免通过风险投资获得收益的税率，为风险投资贷款利率提供补贴，引导大量民间闲置资本流向中小企业，明确风险投资规则，建立风险防范与应急处理机制。在适当的情况下，政府也可以主动参与风险投资，采取参股控股的方式，一方面与企业分担投资风险，另一方面增强对企业的风险约束。其次要建立专业的风险投资顾问公司和咨询机构，通过科学评估降低风险投资盲目性，提高投资者的安全感。

四、完善财政转移支付制度

中西部地以放弃财政收入为代价来吸引资本流入，再加上传统的官员考核机制不允许地方政府制定较高的税率；东部地区产业集聚水平较高，政府可凭借集聚优势适当提高税收，地方财政资金较为充足，因此中西部地区的财政支出压力显著大于东部地区。通过财政转移支付可以均衡地区间财力，缓解中西部地区公共支出压力，促进产业集聚水平提高，从根本上纠正降低税负来争夺流动性资本而形成的扭曲。然而现阶段我国地方财政转移支付力度较小，地区间财力差距较大，未实现基本公共服务与产品的均等化。需要政府完善财政转移支付制度，处理好一般性转移支付与专项转移支付的关系，给予中西部地区更多的财政资金支持，帮助其尽快走出恶性税收竞争的困境。但同时要把握好财政转移支付的力度，谨防受支付地区产生依赖性，降低其筹集财政收入的积极性。同时要加强对转移支付的监管，设计科学合理的考核制度和问责机制，建立财政资金有偿拨付模式，监督资金使用效率，防止资金浪费现象发生。

五、优化促进产业集聚的财政支出结构

财政支出所覆盖的范围较广，按财政支出与国家职能关系可将财政支出分为经济建设支出、行政管理支出、科教文卫支出、国防支出、债务支出和政策性补贴支出等，这些方面都需要大量的财政资金投入，而财政资金总量有限，可用于促进产业集聚的资金则更少，要想通过有限的财政资金最大限度地促进

产业集聚，需要政府优化支出结构，将资金用于重点领域和重点项目。因此，可以从以下两个方面加大财政资金投入力度，以提高财政支持产业集聚的效应：

（1）完善的公共基础设施与服务可以降低企业的生产成本，应加大对这方面的财政资金投入力度。具体而言，对产业集聚影响较大的公共基础设施和服务主要包括交通设施、电力设施、水资源设施、交易场所、物流服务、网络电信服务、技术创新设备与基地。

（2）加大对高新技术和重大科研项目的财政资金投入力度，提高技术成果转化率。产业集群在空间上的聚集在最初是由于某些特定要素的聚集而引发的，在发展到成熟阶段之后，继续扩张的动力来源于集群内技术创新与技术扩散共享，因而科技创新对提高产业集聚水平作用重大。

六、打破地方保护主义

地方保护者为维护本地区利益，经常以违背国家政策或法规的方式滥用或消极行使权力，对本地企业和外地企业在经济上实行差别待遇，对本地企业进行保护，阻碍了税收公平竞争。地方保护主义不利于缓解税收竞争主要出于两点原因，一是地方保护主义限制了市场自由配置资源的能力，降低了资本的流动性；二是地方保护主义导致的市场分割使政府无法对“集聚租”征税。资本自由流动是产业集聚的前提条件，政府对“集聚租”征税是摆脱税收竞争的主要途径，因此亟须打破地方保护主义，加速摆脱恶性税收竞争。法制缺漏是造成地方保护主义的主要原因，目前我国关于反地方保护主义的法律法规有《反垄断法》《反不正当竞争法》和《税收征收管理法》等，其中都明确写出了促进市场公平竞争，反对地方保护主义的法律条文，但还未规定专门反不正当竞争的法律机构。例如《税收征收管理法》第三条指出，任何机关、单位和个人不得违反法律、行政法规的规定，擅自作出税收开征、停征以及减税、免税、退税、补税和其他同税收法律、行政法规相抵触的决定，但该法并没有规定控制不正当税收竞争的机构。因此，需要确定反恶性竞争和地方保护主义行为的责任机关，明确法律制度中的责任主体，通过法律规范，约束地方政府的行为。

第三节　转变地方政府治理理念

要引导地方政府进行合理的税收竞争，通过产业集聚和地区公共服务的优化吸引生产要素，还需要建立科学的政府治理模式，探索一套有效的地方官员考核制度，以地方官员执政理念的优化带动地方政府开展良性税收竞争。

一、建立综合性的政绩考核体系

中央政府应当在制度上设计一套多元化、差别化的政绩考核体系。一方面，除 GDP 等经济指标外，更多地纳入公共服务指标对地方官员的政绩进行综合性、立体化的考核，如教育绩效、环境质量、居民幸福度指数等体现地区可持续发展和长远利益的指标。这些指标的提升需要较长时间的循环累积才能奏效，可以减少恶性税收竞争等短视行为的动机。另一方面，对经济发展程度和阶段不同地区的官员应当进行差别化考核，考虑地区治理难度的差异，更多地关注增量指标和地方发展潜力的提升。比如，在产业集聚基础较好的区域，官员绩效考核的重点应该放在高质量公共服务和经济结构优化上；而在产业集聚程度较差的地区，应侧重考量地方官员为提升区域吸引力作出的努力。

二、完善全周期的监督考核制度

对地方官员的绩效考核还应当着眼于长期，逐渐建立和完善全周期的监督和考评制度。目前对于地方官员的施政监督和政绩考评主要集中在任中和离任时，可以考虑增加离任后的考评，关注任期后地区的后续发展，衡量官员执政的长期效用，作为地方官员长期绩效考核和晋升考量的依据，降低地方政府官员的短期行为冲动。同时，还要着力完善信息公开制度，实现中央和地方政府的信息对称，打通社会舆论监督和评价渠道，多角度考察地方官员的执政绩效。此外，应尽可能减少地方官员的频繁调动，保证地方官员执政的连续性。

三、优化企业发展的税收营商环境

政府需要建立科学合理的治理模式，放弃以减少地区财政收入为代价来吸引资本流入的不可持续发展模式，将工作重点转移到社会福利与民生上，努力优化承接产业转移的营商环境、公共基础设施、配套服务，如简化行政审批程序既可以提高政府办公效率，减轻政府行政成本，也可以为企业节省要素使用成本，为要素发挥价值提供良好的制度环境。其中，良好的税收营商环境显得格外重要。

随着经济全球化的发展，资源、资金、技术、人才等生产要素竞争日趋激烈，一个地区的营商环境的优劣在很大程度上影响和决定了地方政府获得上述生产要素的竞争力的强弱。而税务营商环境作为企业营商环境的重要一环，能够显著影响企业净利润、改变投资流向，更可以形成物流、资金流、技术流、人才流的充分汇集并相应带来更多商业机会，从而对企业乃至地方经济的发展产生重大影响，也因此，评估税务营商环境的两大要素——税制安排和征管手段的改革便成为许多地方政府关注的焦点。

首先，应以“减税降费”改革为契机，继续落实深化税制改革方案，构建少税种、宽税基、低税率、少优惠的税制结构，并进一步简并实行差别税率税种的税率级次，从而既能够直接推动纳税遵从成本的节约，又能够使得纳税次数渐趋减少。其次，加强顶层制度和财政分权的设计，使得中央和地方的财政收支能够更好地匹配，从而最大限度地发挥现有税收的效用。然后，应继续减轻企业费类负担，并进一步优化缴费流程、减少缴费时间，以提高征管效率。最后，加强税收征管便捷性取代单纯的税收利益让渡。应进一步减少和优化税务行政审批流程，加强与工商局、公安部门等的跨部门涉税信息共享，并积极推进税收诚信体系建设，同时扎实推进税收征管信息化，精简相关涉税资料报送内容，实行涉税资料清单化、电子化管理，不断推进纳税信息化建设，降低纳税人的遵从成本和备案负担，不断优化纳税服务，为所在辖区的企业发展提供优良的税收营商环境。

本章小结

在财政收支平衡的约束条件下，地方政府追求居民消费私人品和公共产品总效用的最大化，在地区数量足够时，资本的供给将对地区税率具有完全弹性，而资本的流入会提高地区居民的效用水平，政府具备了降低税率吸引资本流入的动力，而其他地区也会作出同样的反应。在各地方政府只竞争不合作的情况下，地方政府的税率将竞相下调，资本的流动性越强，地方制定的税率越低，与之对应的财政收支将在较低的水平上达到平衡，降税造成可用于提高公共商品的收入减少，公共服务水平降低。根据这样的竞争策略，最终的结果是各地区的资本税率都降到足够低，资本在各地区的分布不再发生改变，所有地区的税率都处于次优水平，公共产品供给不足，地区福利水平下降，从而形成税收“逐底竞争”的现象。而新经济地理学的理论认为，在产业集聚已初具规模的情况下，地方政府理想的税收竞争策略应当是脱离竞相降税以吸引生产要素流入的税收“逐底”竞争状态，向新经济地理学中集聚均衡状态下地方政府对“集聚租”征税的税收竞争策略转变，从而帮助政府走出恶性税收竞争的“囚徒困境”。因此根据以上原因，从税收竞争、产业集聚和制度理念三个方面提出了规范政府税收竞争行为的政策建议。一是规范清理税收优惠政策，践行税收法定制度，加快地方税体系建设，警惕地方税恶性竞争。二是从促进产业集聚的角度提出了相关政策建议，具体包括以下六点：因地制宜提高地区的产业集聚水平；关注地区产业集聚质量的提升；拓宽中小企业投融资渠道，建立科学有效的风险投资机制；完善财政转移支付制度，缓解中西部地区财政支出压力；优化促进产业集聚的财政支出结构；完善法律法规，打破地方保护主义，加速摆脱税收恶性竞争。三是针对官员晋升制度和政府治理理念提出了相关建议，具体为建立综合性的政绩考核体系；建立全周期的监督考核制度；转变政府治理理念，提升承接产业转移的能力。

参考文献

[1] 蔡宁，吴结兵．企业集群的竞争优势：资源的结构性整合 [J]．中国工业经济，2002 (7)：45－50.

[2] 陈飞．区域产业集聚水平测度及影响因素分析 [J]．东北财经大学学报，2011 (5)：50－55.

[3] 陈良文，杨开忠．集聚经济的六类模型：一个研究综述 [J]．经济科学，2006，28 (6)：107－117.

[4] 陈静，马小勇．新经济地理视角下产业集聚对税收竞争的影响：基于GMM估计的省级动态面板数据分析 [J]．生产力研究，2014 (6)：58－64.

[5] 崔治文，周平录，章成帅．横向税收竞争对经济发展影响研究：基于省际间资本税、劳动税和消费税竞争视角 [J]．西北师范大学学报（社会科学版），2015 (1)：125－133.

[6] 邓明．经济集聚如何影响了中国地方政府的税收执法强度？[J]．财政研究，2018 (3)：112－123.

[7] 凡莉，朱英明，刘梦．税收竞争对产业集聚的影响研究：基于新经济地理学视角 [J]．财会通讯，2016 (3)：124－128.

[8] 范剑勇．市场一体化、地区专业化与产业集聚趋势：兼谈对地区差距的影响 [J]．中国社会科学，2004 (6)：39－51.

[9] 付文林，宋顺峰．不完全竞争条件下的税收竞争与资本流动研究综述 [J]．经济学动态，2010 (9)：131－137.

[10] 付文林，赵永辉．税收激励、现金流与企业投资结构偏向 [J]．经济研究，2014 (5)：19－3.

[11] 付文林，耿强．税收竞争、经济集聚与地区投资行为 [J]．经济学：季刊，2011 (4)：1329－1348.

[12] 贺灿飞，刘洋．产业地理集中研究进展 [J]．地理科学进展，2006

(2)：59-69.

[13] 高云虹，符迪贤. 异质劳动力与工业空间集聚：基于“中心—外围”模型的扩展分析 [J]. 财经研究，2015 (11).

[14] 葛夕良. 国内税收竞争研究 [M]. 北京：中国财政经济出版社，2005.

[15] 关爱萍，胡期，牛召. 税收竞争对区域产业转移的影响研究：基于中国省际面板数据的经验分析 [J]. 税务研究，2017 (9)：34-39.

[16] 关爱萍. 经济集聚、税收竞争与地区间产业转移 [J]. 宏观经济研究，2018 (4)：48-53.

[17] 郭杰，李涛. 中国地方政府间税收竞争研究：基于中国省级面板数据的经验证据 [J]. 管理世界，2009 (11)：54-64.

[18] 郭矜，杨志安，龚辉. 我国地方政府间税收竞争的负效应及对策分析 [J]. 税务研究，2016 (7)：103-106.

[19] 金煜，陈钊，路铭. 中国的地区工业聚集：经济地理，新经济地理与经济政策 [J]. 经济研究，2006 (4).

[20] 刘军，徐康宁. 产业聚集、经济增长与地区差距：基于中国省级面板数据的实证研究 [J]. 中国软科学，2010 (7)：91-102.

[21] 雷根强，何惠敏. 产业集聚对我国区域税收竞争的影响：对我国省际面板数据的检验 [J]. 税务研究，2009 (9)：26-30.

[22] 李社宁，马楠. 在产业集聚背景下的地方税收竞争与经济增长 [J]. 西部财会，2015 (4)：15-18.

[23] 李涛，黄纯纯，周业安. 税收、税收竞争与中国经济增长 [J]. 世界经济，2011 (4)：22-41.

[24] 李永友，沈坤荣. 辖区间竞争、策略性财政政策与 FDI 增长绩效的区域特征 [J]. 经济研究，2008 (5)：58-69.

[25] 梁涵. 地方政府竞争与集聚经济：基于新经济地理学视角的评述 [J]. 特区经济，2012 (8)：273-275.

[26] 刘清杰，任德孝. 中国地区间税收竞争刺激经济增长了吗 [J]. 广东财经大学学报，2017 (4)：92-103.

[27] 刘清杰，任德孝，刘倩. 公共产品外溢、地理区位与税收竞争：来自

空间多层次模型的经验证据［J］. 财贸研究，2017（10）：75－85.

［28］刘穷志. 税收竞争、资本外流与投资环境改善：经济增长与收入公平分配并行路径研究［J］. 经济研究，2017（3）：61－75.

［29］龙小宁，朱艳丽，蔡伟贤等. 基于空间计量模型的中国县级政府间税收竞争的实证分析［J］. 经济研究，2014（8）：41－53.

［30］路春城，武嘉盟. 地方税收竞争促进了经济增长吗：基于中国省级政府面板数据的门槛回归分析［J］. 公共财政研究，2019（1）：17－35.

［31］蒲艳萍，成肖. 经济集聚、市场一体化与地方政府税收竞争［J］. 财贸经济，2017（10）：37－50.

［32］钱学锋，黄玖立，黄云湖. 地方政府对集聚租征税了吗：基于中国地级市企业微观数据的经验研究［J］. 管理世界，2012（2）：19－29.

［33］邵明伟，钟军委，张祥建. 地方政府竞争：税负水平与空间集聚的内生性研究——基于2000～2011年中国省域面板数据的空间联立方程模型［J］. 财经研究，2015（6）：58－69.

［34］上官绪明、葛斌华. 地方政府税收竞争、环境治理与雾霾污染J］. 当代财经，2019（5）：27－36.

［35］沈坤荣，付文林，晓鸥. 税收竞争、地区博弈及其增长绩效［J］. 经济研究，2006（6）：16－26.

［36］邵宜航，李泽扬. 空间集聚、企业动态与经济增长：基于中国制造业的分析［J］. 中国工业经济，2017（2）：7－25.

［37］宋胜洲，郑春梅，高鹤文. 产业经济学原理［M］. 北京：清华大学出版社，2012.

［38］孙敏. 论集群经济中的税收竞争效应［J］. 财经研究，2005（9）：17－26.

［39］唐茂华，陈柳钦. 从区位选择到空间集聚的逻辑演绎：探索集聚经济的微观机理［J］. 财经科学，2007（3）：75－80.

［40］万晓萌. 经济增长与税收竞争关系的实证分析［J］. 税务研究，2016（7）：107－111.

［41］汪冲. 资本集聚、税收互动与纵向税收竞争［J］. 经济学：季刊，2011（4）：19－38.

[42] 王永培，晏维龙. 产业集聚的避税效应：来自中国制造业企业的经验证据 [J]. 中国工业经济，2014 (12)：57 - 69.

[43] 王凤荣，苗妙. 税收竞争、区域环境与资本跨区流动：基于企业异地并购视角的实证研究 [J]. 经济研究，2015 (2)：16 - 30.

[44] 王佳杰，童锦治，李星. 税收竞争、财政支出压力与地方非税收入增长 [J]. 财贸经济，2014 (5)：27 - 38.

[45] 王守坤，任保平. 中国省级政府间财政竞争效应的识别与解析：1978 ~ 2006 年 [J]. 管理世界，2008 (11)：32 - 43.

[46] 王缉慈. 地方产业群战略 [J]. 中国工业经济，2002 (3)：47 - 54.

[47] 吴俊培，王宝顺. 我国省际间税收竞争的实证研究 [J]. 当代财经，2012 (4)：30 - 40.

[48] 徐康宁，冯春虎. 中国制造业地区性集中程度的实证研究 [J]. 东南大学学报（哲学社会科学版），2003 (1)：37 - 42.

[49] 谢乔昕，孔刘柳，张宇. 经济差距、产业集聚与税收竞争：基于区域差异的角度 [J]. 税务与经济，2011 (1)：65 - 69.

[50] 谢贞发，范子英. 中国式分税制、中央税收征管权集中与税收竞争 [J]. 经济研究，2015 (4)：92 - 106.

[51] 向世聪. 产业集聚理论研究综述 [J]. 湖南社会科学，2006, (1)：92 - 98.

[52] 杨柳，方元子. 地方政府税收竞争机制研究评述：基于新经济地理学的视角 [J]. 税务与经济，2017 (2)：70 - 77.

[53] 杨柳，方元子. 集聚效应对我国地方税收竞争行为的影响：基于行业税负的实证研究 [J]. 当代财经，2014 (10)：36 - 46.

[54] 于树江，李艳双. 产业集群区位选择形成机制分析 [J]. 中国软科学，2004 (4)：120 - 122.

[55] 张宇麟，吕旺弟. 我国省际间税收竞争的实证分析 [J]. 税务研究，2009 (6)：59 - 61.

[56] 赵祥. 我国省区产业集聚：类型特征与形成机制 [J]. 产业经济评论，2009 (3)：139 - 166.

[57] 郑江淮，高彦彦，胡小文. 企业“扎堆”、技术升级与经济绩效：开

发区集聚效应的实证分析 [J]. 经济研究, 2008 (5): 33 – 46.

[58] 禚铸瑶, 陈建宝, 宋超. 经济集聚视角下我国地方政府的征税策略及其影响因素研究 [J]. 统计研究, 2018 (2): 40 – 52.

[59] Andersson F., Forslid R. Tax Competition and Economic Geography [J]. Journal of Public Economic Theory, 2003 (2): 279 – 303.

[60] Audretsch D. R&D Spillovers and the Geography of Innovation and Production [J]. American Economic Review, 1996 (3): 630 – 640.

[61] Baldwin R., Krugman. P. Agglomeration, Integration and Tax Harmonisation [J]. European Economic Review, 2004 (1): 1 – 23.

[62] Baldwin R., Okubo. T. Tax Reform, Delocation and Heterogeneous Firms [J]. The Scandinavian Journal of Economics, 2009 (4): 741 – 764.

[63] Beaudry C. Entry, Growth and Patenting in Industrial Clusters: A Study of the Aerospace Industry in the UK [J]. International Journal of the Economics of Business, 2001 (3): 405 – 436.

[64] Borck R., Pfluger M. Agglomeration and Tax Competition [J]. European Economic Review, 2006 (3): 647 – 668.

[65] Brulhart M., Jametti M., Schmidheiny K. Do Agglomeration Economies Reduce the Sensitivity of Firm Location to Tax Differentials? [J]. The Economic Journal, 2012 (122): 1069 – 1093.

[66] Case A. C., H. S. Rosen and J. C. Hines, Budget Spillovers and Fiscal Policy Interdependence: Evidence from the States [J]. Journal of Public Economics, 1993, 52 (3): 285 – 307.

[67] Cartier C. "Zone Fever", the Arable Land Debate, and Real Estate Speculation: China's Evolving Land Use Regime and its Geographical Contradictions [J]. Journal of Contemporary China, 2001 (28): 445 – 469.

[68] Eugster B., Parchet R. Culture and Taxes: Towards Identifying Tax Competition [J]. Management Science, 2011 (11): 774 – 777.

[69] Forslid R., Midelfart K H. Internationalisation, Industrial Policy and Clusters [J]. Journal of International Economics, 2001 (1): 197 – 213.

[70] Hettich W. and S. Winer, Democratic Choice and Taxation: A Theoretical

and Empirical Analysis, Cambridge MA. Cambridge University Press, 1999.

[71] Jofre-Monseny J. Is Agglomeration Taxable? [J]. Journal of Economic Geography, 2013 (1): 177－201.

[72] Koh H. J. , Riedel N. , Bhm T. Do Governments Tax Agglomeration Rents? [J]. Journal of Urban Economics, 2013 (75): 92－106.

[73] Krugman P. Increasing Returns and Economic Geography [J]. The Journal of Political Economy, 1991 (3): 483－499.

[74] Ladd H. Mimicking of Local Tax Burdens among Neighboring Counties [J]. Public Finance Quarterly, 1992 (4): 450－467.

[75] Mayer T. , Mucchielli J. L. Agglomeration Effects, State Policies, and Competition in the Location of Japanese FDI in Europe [J]. Research in Global Strategic Management, 1998 (6): 87－116.

[76] Oates W. Fiscal Federalism [M]. New York: Harcourt Brace Jovanovich, 1972.

[77] So, Bennis Wai Yip. Reassessment of the State Role in the Development of High-tech Industry: A Case Study of Taiwan's Hsinchu Science Park [J]. East Asia, 2006 (2): 61－86.

[78] Teemu L. Tax Competition Among Local Governments: Evidence from a Property Tax Reform in Finland [R]. Spatial Economics Research Centre, No. 0082, 2011.

[79] Zodrow G. R. , Mieszkowski P. Pigou, Tiebout, Property Taxation, and the under provision of Local Public Goods [J]. Journal of Urban Economics, 1986 (3): 356－370.